随时 / 随地 / 随心

阅读可以静心、充电、启迪智慧

婴幼儿智力开发

小全书

药志胜 主编

華夏出版社

图书在版编目（CIP）数据

婴幼儿智力开发小全书 / 药志胜主编. —北京：华夏出版社，2014.10

（MBook随身读）

ISBN 978-7-5080-8225-7

Ⅰ. ①婴…　Ⅱ. ①药…　Ⅲ. ①婴幼儿－智力开发　Ⅳ. ①G610

中国版本图书馆CIP数据核字(2014)第217615号

出品策划：華夏盛軒

网　　址：http://www.huaxiabooks.com

婴幼儿智力开发小全书

主　　编　药志胜
责任编辑　陈素然
装帧设计　尚上文化
封面图片　华盖创意（北京）图像技术有限公司
出版发行　华夏出版社
（北京东直门外香河园北里4号　邮编：100028）
总 经 销　新华文轩出版传媒股份有限公司
印　　刷　三河市华业印务有限公司
开　　本　720mm×1020mm　1/32
印　　张　8
字　　数　129千字
版　　次　2014年10月第1版　2014年11月第1次印刷
书　　号　ISBN 978-7-5080-8225-7
定　　价　18.00元

0～1岁宝宝的发育水平

月 龄	运动能力	手的技巧	认知能力	语言发展	人际交往
1个月的宝宝	拉着手腕可以坐起，头可竖直片刻（2秒）	触碰手掌，他会紧握拳头	眼睛会跟踪物体，如红球（稍有移动即可），听到声音有反应	自己会发出细小的声音，会倾听说话的声音	眼睛会跟踪走动的人，抱着时会比较安静
2个月的宝宝	拉着手腕可以坐起，头可竖直短时（5秒）	俯卧时头可抬离床面，拨浪鼓可在手中留握片刻	会立刻注意到大玩具，喜欢触摸身边的东西	能发出a、o、e等元音，发音表示高兴	开始会微笑，逗引时有反应
3个月的宝宝	俯卧时可抬头45度，抱直时头稳	两手可握在一起，能抓住东西摇晃	眼睛跟红球可转180度，会追看物体	会笑出声音	能够分辨出母亲，见人会笑
4个月的宝宝	俯卧时可抬头90度，扶着可站片刻	摇动并注视拨浪鼓，两手一起舞弄	会把玩具放入口中，找到声源	高声叫，咿呀作声	会大声笑，可分辨生气或温和的声调
5个月的宝宝	轻拉腕部即可坐起，独坐头身向前倾	抓住近处玩具，伸手触摸（悬吊杆）	拿住一块积木，注视另一积木，会看着动的东西	对人发声感兴趣，注视说话者的口型	懂得认人
6个月的宝宝	俯卧翻身，伸展踢脚	会撕纸、摆弄桌上积木，用整个手掌握物	两手同时拿住两块积木，玩具没了会找	叫名字转头，开始咿呀学语	会寻找躲猫猫（手绢等挡脸）的人的脸
7个月的宝宝	独坐自如，玩弄双脚	摆弄玩具，会两手分别抓东西	拿积木会换手，还会伸手够远处的玩具	可发da-da、ma-ma音，会改变声音的高低、强弱	会让喜欢的人抱，照镜子有游戏反应，能分辨出生人

续表

月 龄	运动能力	手的技巧	认知能力	语言发展	人际交往
8个月的宝宝	双手扶物可站立	手可捏住小丸；可拿两个积木，并试图取第三块	持续用手追逐玩具，有意识地摇铃，对照镜子感兴趣	模仿声音，会发出低声调的声音（自言自语）	懂得成人的面部表情，会跟母亲撒娇
9个月的宝宝	会爬，拉双手会走	拇指、食指捏住玩具，丢掉手里的东西（抛球）	从杯中取出积木、积木对敲，会把东西塞入容器中，对微小的声音感兴趣，如铃铛	会欢迎、再见（手势），可发出清晰的复音节	会表达“不要”的意思
10个月的宝宝	会拉住栏杆站起身，扶着栏杆可以走	拇指、食指动作熟练，双手可协调运动	玩积木、寻找盒内东西，模仿别人的动作，对细小东西感兴趣	根据语意而行动，使用母子互知的词语对话	认生，反复做会受到夸奖的动作
11个月的宝宝	可以蹲下取物，独站片刻，可四肢爬行（爬台阶）	可用两个手指捏东西，双手端杯子喝水，抓东西吃	可将积木放入杯中，模仿大人推玩具小车，认知东西的关联性	能模仿母亲说话，知道制止和命令，发出有意义的音节	会说“不”，模仿大人拍娃娃
12个月的宝宝	可以独自站稳，牵一只手可以走	会试着把小球投入瓶中，把东西递给别人	能独自盖上瓶盖	知道叫爸爸、妈妈，向他/她要东西知道给	穿衣服知道配合，会玩捉人游戏

1～2岁宝宝的发育水平

月 龄	运动能力	认知能力	语言发展	习惯养成	人际交往
13～15个月的宝宝	独走自如，会爬楼梯，从瓶中拿到小球，喜欢把东西拿出（抽屉），会弯曲手臂丢东西	捏蜡笔信手涂鸦，会认识形状、颜色、声音的差异，翻书，会盖瓶盖，知道属于自己的地方	理解成人要求，会指眼、耳、鼻、口、手，会发叠音，说简单的句子	会脱袜子，开始对食物有喜恶	有了独立的思想和意愿，如果父母的要求不符合自己的愿望，就会反抗
16～18个月的宝宝	跑步，爬坡，会溜滑梯，扔球无方向。敲打物体、模仿画道道	会随音乐节奏摆动身体，会搭积木	知道物品都有名称	白天会控制大小便，会脱内裤、用汤匙吃东西	无故发脾气，喜欢模仿大人的动作，有自己的独特个性
19～21个月的宝宝	掂着脚尖走路，扶着墙上楼，拖重物行走，端托盘，将硬质的绳子穿过扣眼	对动物感兴趣，会搭更复杂的积木	回答简单的问题，说3～5个字的句子，能理解大人说的话和行动的含义	会浇花，把相同的餐具叠在一起，能等待用餐，会洗手	能开口表示个人需要，懂得和小朋友配合，不喜欢别人动自己的东西
22～24个月的宝宝	会踢球，手指、手腕运动灵活（如拼拼图、贴贴纸），使用夹子夹物，插牙签	能一页页翻书，会画线条（蜡笔），能辨别一些气味	说两句以上儿歌，问“这是什么”，喜欢听故事，可说出常见物的用途。	会自己穿鞋，会用毛巾擦手，会解扣子，会扣一个扣子	知道害羞，会经常性地发脾气，通常是因为他/她有想法却无法表达出来

2～3岁宝宝的发育水平

月龄	运动能力	认知能力	语言发展	习惯养成	人际交往
25～27个月的宝宝	步伐平稳，可独自上下楼、爬斜坡，会用手掌把橡皮泥搓成团状	认识大小，会区分复杂的形状（图书拼图10片左右）	说8～10个字的句子，喜欢有重叠词的图画书	把拖鞋排整齐，把小茶壶的水倒入杯中，会脱单衣或裤子	会用声音表示喜怒等情绪，有较强的自我意识
28～30个月的宝宝	可独脚站2秒钟，双脚一起往下跳（50厘米高），会扣3～5个扣子，会用剪刀	知道1与许多的区别，知道红色，会用语言表达冷热	有往日的概念	倒水不会洒出来，会穿袜子，自己扣扣子	依赖父母，但又想独立，开始有是非观念
31～33个月的宝宝	会立定跳远，荡秋千，飞快地跑。会模仿画圆，会折纸	会依大小顺序排列积木，懂得"里""外"，会分辨大小，长短，粗细	知道性别，会连续执行三个命令，喜欢图画故事书	能自己穿脱上衣，会用肥皂洗手，用抹布擦桌子	喜欢和人交往，喜欢帮忙，有自己的情绪变化
34～36个月的宝宝	会两脚交替跳，会两脚交替上楼梯，折纸边角整齐（长方形）	认识两种颜色并把颜色相同的排在一起，懂得"2"	懂得"冷了、累了、饿了、怎么办"，喜欢看书，记得书中的句子，念错了会生气	会自己戴帽子、擦屁股，会洗毛巾	变得慷慨，喜欢和小朋友分享自己的东西

前　言

每个家长都希望自己的孩子聪明伶俐、智力超群，不少人有这样的疑问：孩子的智力是天生的吗？神童和普通的孩子有什么不同？

科学研究表明，智力发展的影响因素有三个方面：遗传、环境教育和实践活动。

遗传对智力的影响主要表现在生理特征上。而环境教育在智力的发生和发展上起了决定性作用。实践活动则是智力发展的源泉。由此可知，后天培养对宝宝智力的影响才是最大的。

另外，宝宝智力开发的时机也很重要。美国著名心理学家布卢姆认为，如果把17岁时人所达到的智力水平定为100%，那么出生后的前4年他已经获得了50%的智力，到8岁时已经获得了80%的智力，从8岁至17岁只能获得剩下的20%的智力。

也就是说，如果宝宝在成长过程中错过了语言、认知，以及运动区域大脑神经细胞发育的关键时期，再做智力方面的训练就不会有什么效果了。

其中，0～3岁是宝宝脑部细胞、脑部结构、脑部功能成长发展的黄金阶段，更是宝宝各项智能发展的关键时期。0～12个月的宝宝运动智能快速发展，感官发育逐渐成熟；1岁半宝宝的有意识注意开始萌芽；2岁以后的宝宝分解性观察能力开始萌芽，对物体细节与部分差异的把握能力增强，秩序和概念开始形成，抽象思维能力和想象能力快速发展；到3岁时，宝宝的形象思维开始萌芽，进入创造能力发展的关键时期。家长只要能抓住宝宝每个阶段的智能发育，对宝宝进行有意识地培养和训练，就能充分开发宝宝的大脑。

本书以0～3岁的宝宝为对象，从运动、认知、语言、习惯养成、人际交往等方面对宝宝的智力开发进行了全面讲解。为了让家长能够随时随地训练宝宝，书中介绍的智力开发训练方法都取材于日常生活，简单易行，寓教于乐。并且，家长还可以在与宝宝的互动过程中加强亲子关系，使宝宝的情商智商得以同步发展。

目 录

第一章 0~3个月的宝宝

第二章 4~6个月的宝宝

第三章 7~9个月的宝宝

第四章 10~12个月的宝宝

第五章 1~1.5岁的宝宝

1.5~2岁的宝宝

第七章 2~3岁的宝宝

第一章

0～3个月的宝宝

一个小生命的到来让全家人的幸福一圈圈荡开。新生儿的生活开始了，新手爸妈奉行的零岁教育理念也正式进入实践阶段。于是，视、听、嗅、味、触觉训练也开始提上日程。这个时候的宝宝会时不时哭闹，但喜怒形于色可不是她的性格特点，只是为了让父母读懂她的感情，告诉他们要及时满足自己的需要。3个月的宝宝就可以认出妈妈了，这会给妈妈带来无可比拟的幸福感。

游泳训练

很多父母都知道游泳训练好处多多，于是便想买一套婴儿游泳设备让宝宝在家游泳。可是，新生宝宝的抵抗力差，让他进行游泳训练，可不能鲁莽行事，父母最好接受专业培训并且了解注意事项。

◎ 下水时间及防护

小宝宝最好是在出生7天、待脐带脱落以后再下水，以防止脐部感染；如果有专业护士或医生的指导，贴上了护脐贴，也可以在宝宝出生后24小时或48小时就开始游泳。

◎ 游泳设备及水温

宝宝游泳必须有正规品牌的婴儿游泳圈和游泳附属设备，游泳池必须保持清洁，水质要用特殊游泳配方或洁净水，并且严格实行“一人一池水”。水温最好保持在34℃～38℃之间，最适宜的水温是36. 5℃，最低不得低于32℃，室温应控制在28℃左右。

◎ 游泳时间的选择

游泳时间选择在喂奶前40分钟，每次游泳时间不宜过长，开始学习阶段10分钟就应出水，以后根据情况可

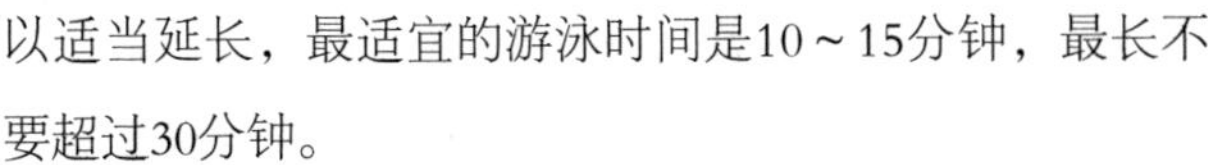

以适当延长，最适宜的游泳时间是10～15分钟，最长不要超过30分钟。

◎ 新生儿游泳训练要安检并监护

下水前的安检。宝宝下水前，必须对婴儿颈圈进行安全检测（如泳圈的型号、保险按扣、是否漏气等）；套好颈圈后，还务必要检查保险扣是否扣牢，检查下颌、下颏部是否托在预设位置，能否保证宝宝呼吸通畅；还要在宝宝肚脐上贴上防水贴，以防感染。待一切检查万无一失后才能逐渐缓慢入水。

过程中的监护。游泳的全过程父母必须全程监护，并适时给予安抚或回应。父母应观察宝宝的身体反应，如发现宝宝体温很低或有其他不适，应尽早带宝宝离开。宝宝一离开水池，家长应立即帮他把身上的水擦干，穿上衣服，即使是在夏天也应注意，以免着凉生病。

◎ 游泳训练的注意事项

1. 游泳前，作为监护者的父母必须认真洗手、剪指甲，不要戴戒指。

2. 勿在宝宝生病、饥饿、哭闹或进食后一小时内游泳。

3. 不要用家庭的浴缸或浴盆给孩子游泳。

4. 宝宝生病及有外伤时不能游泳。

5. 游泳前，游泳池内及游泳圈要浸泡消毒，晾干。

6. 每次游泳以前，做好游泳前的按摩热身准备。

7. 不可只抓住颈圈来移动水中的宝宝，而是要抓住他的手来回缓慢移动。

8. 把宝宝放入泳池时，动作要轻柔。

9. 游泳时，要严防宝宝口鼻呛水及耳朵进水。

10. 游泳完毕，要先淋浴，然后再将新生儿防水护脐贴取下，进行消毒，并用一次性护脐带包扎。

02 婴儿被动操

宝宝在1个月后长期坚持每天做婴儿操，不但可以增强宝宝的生理机能，提高宝宝对外界自然环境的适应能力，促进宝宝的动作发展，使宝宝的动作变得更加灵敏，肌肉更发达，而且也可促进宝宝神经、心理的发展。

长期坚持做婴儿操可使宝宝初步的、无意的、无秩序的动作逐步发展分化为有目的的协调动作，为思维能力打下基础。

◎ 第一节，准备活动

准备活动是为了消除肌肉、关节的僵硬状态，以适应机体活动的需要，避免外伤。

先让婴儿自然放松仰卧，成人握住婴儿两手腕，做好预备动作。

动作分四步完成，每步按四拍来做：

1. 从手腕向上按摩四下至肩；

2. 从足踝按摩四下至大腿部；

3. 自胸部按摩至腹部（成人手呈环形，由里向外，由上向下）；

4. 同第三个四拍。

◎ 第二节，上肢运动

上肢运动是为了活动婴儿的肩部肌肉及关节。

预备动作是：婴儿仰卧，两臂放体侧，成人将双手拇指放在婴儿掌心并轻握婴儿的双腕。

动作也是分四步完成：

1. 两臂左右分开平举，掌心向上；

2. 两臂前伸，掌心相对；

3. 两臂上举，掌心向上；

4. 还原预备姿势。

◎ 第三节，扩胸运动

扩胸运动可以活动肩、肘关节及上肢、胸部肌肉。预备动作同第一节。

动作也是四步：

1. 两臂左右分开；

2. 两臂胸前交叉；

3. 两臂左右分开；

4. 还原。

◎ 第四节，下肢运动

做下肢运动的目的是活动膝、髋关节及下肢肌肉。做之前让婴儿成仰卧位，两腿伸直，成人两手轻握婴儿脚腕。

动作分四步：

1. 双脚抬起与桌面成45度；

2. 左腿屈曲至腹部；

3. 同第一拍；

4. 还原。（然后换右腿运动）

◎ 第五节，举腿运动

举腿运动是为了活动髋关节及韧带。预备动作同第四节。

动作分四步完成：

1. 左腿上举与躯干成90度；

2. 还原；

3. 右腿上举与躯干成90度；

4. 还原。

◎ 第六节，抬头运动

抬头运动的目的是训练颈部肌肉，促进抬头。预备动作是：婴儿俯卧在床上，成人在婴儿身后用两手扶住婴儿双肘及前臂。

动作很简单：

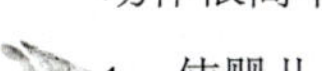

1. 使婴儿上肢屈曲，两手位于胸下；
2. 使婴儿头逐步抬起。

◎ 第七节，翻身运动

翻身运动是为了促进宝宝翻身动作的发展。预备时，婴儿仰卧，双臂放于体侧，成人手握婴儿两上臂。

动作为：成人拉婴儿左上臂轻轻向右翻（或向相反方向），然后还原。

◎ 第八节，放松运动

目的自然是让自主神经系统由紧张状态恢复到安静时的水平。预备动作同第一节。

上肢动作为：

1. 左臂上举成45度；
2. 还原；
3. 右臂上举成45度；
4. 还原。

下肢动作为：

1. 左腿上举与桌面成45度；

2. 还原；

3. 右腿上举与桌面成45度；

4. 还原。

温馨提示

做操前，可把宝宝置于一张铺有垫褥的木板床上，尽可能少穿衣服，并用温和的声音和他说话，使宝宝心情愉快。

03 俯卧抬头训练

宝宝一天天长大，父母也一天天盼着他身强体健。为了使宝宝在各个方面的发展都呈现出优秀的态势，年轻的父母会选择出适合宝宝的各种训练。3个月的宝宝，父母可以帮助他做俯卧抬头训练。

训练方法

1. 准备工作。妈妈先让宝宝俯卧在稍有硬度的床上，以防物品堵住宝宝的鼻孔，影响呼吸，然后将宝宝的两个手臂放在前面，不要压在身下。

2. 引导方法。父母可抚摸宝宝背部、用玩具吸引等方法鼓励其抬头。最好拿色彩鲜艳有响声的玩具在前面逗引，可以用“宝宝，漂亮的玩具在这里”等话来诱使宝宝努力抬头。

3. 迁移训练。父母可慢慢将玩具从宝宝的眼前慢慢移动到头部两侧，让宝宝的头随着玩具的方向转动，这个方法不仅可锻炼宝宝俯卧抬头的持久力，而且也能锻炼宝宝颈部转动的灵活性。

父母也可以对孩子进行俯腹抬头训练。方法是：小儿空腹时，将宝宝放在家长胸腹前，并使小宝宝自然地俯在家长的腹部，用双手放在宝宝的背部按摩，逗引宝宝抬头，宝宝有时会抬头。

4. 训练成果。不断地训练后，宝宝抬头的动作会从最初抬起头与床面成45度开始到第3个月时能稳定地抬起90度。在这个过程中，宝宝的运动发育是连续性的，颈部肌肉和双臂的力量都在增强，最后，宝宝可以实现高抬头，父母会由衷地高兴。

◎ 训练时间安排

俯卧抬头训练时间，可以根据宝宝的能力灵活安排。开始时，只练10～30秒钟，逐渐延长时间。不要让宝宝感到疲劳，每天2～3次即可。以后可根据宝宝的实际情况逐步增加训练次数。

温馨提示

俯卧抬头训练的注意事项：1．要在婴儿空腹时（即喂奶前1小时）进行；2．训练的床面要平坦、舒适且有一定的硬度；3．每次俯卧时间不宜超过2分钟。

04 手足运动小游戏

细心的妈妈会发现，宝宝在醒着时的躯体运动是邀请父母进行游戏的一种表示。

当父母和宝宝说话时，微妙的情景出现了：宝宝会转转小脑袋、抬抬小手、伸直小腿……这些运动与说话的节奏是那么协调。

当谈话继续时，新生儿还会出现扬眉、伸足、举臂等动作。你甚至会发现：父母每发出一个音节就会引出宝宝的一个新动作，如凝视、微笑、打哈欠、抓手……父母声音的停顿和变化，还会引发宝宝动作的变化。

这些动作虽然简单，但一点一滴都代表着宝宝身体的发展。可以说，手足运动是宝宝还不能说话时和父母交流的一种方式。

1～3个月的宝宝生长发育很迅速，神经系统和大脑发育也很快，所以这一阶段对宝宝运动能力的培养不容忽视，在游戏中有目的的训练对宝宝的智力发展也有很大的促进作用。

宝宝升空特技

把两个食指分别放到宝宝的手心，等宝宝自动握住大人的手指，或者指导宝宝握住大人的手指。慢慢地抬起手臂，将宝宝提起，然后不断地把宝宝提上提下。

宝宝无意识的抓握会很牢固，大人可以用手指把宝宝整个提起，而宝宝也不会有不适的感觉。有时，宝宝可被你提到半坐位，最棒的宝宝可完全握住你的手指使整个身体离开小床。

这个游戏可以帮助宝宝较好地活动下肢关节和肌肉。若同时伴以儿歌，还可以促进宝宝语言智慧的发展。

◎ 体操小王子

抬起宝宝的双脚与床面呈45度，帮助宝宝屈伸左腿至腹部。伸直左腿，使双腿与床面保持45度。放下宝宝的双脚，让宝宝舒服地仰卧。同样，换右腿重复以上动作。

因为宝宝不会自己伸展身体，所以大人要帮助宝宝做运动。这时，大人可轻轻抬起宝宝的小脚，并开始唱儿歌："宝宝做体操，伸伸腿，伸伸腰，从小就要练身体，健康宝宝乐淘淘。"

◎ 翩翩起舞小宝宝

这个时候的宝宝喜欢在眼前晃动双手，若配以适当的音乐，还可提高宝宝对音乐的感受能力。

在宝宝清醒的时候播放乐曲，吸引宝宝的注意力。轻轻随着节奏哼唱旋律，引导宝宝注意节奏。在宝宝面前举起双手，随着节奏摆动。慢慢举起宝宝的小手或小脚，随着节奏摆动。逐渐培养宝宝听见乐曲就主动“舞蹈”起来的习惯。

◎ 小手摆啊摆

妈妈举起宝宝的一只手，在其视野正前方晃动几下，引起宝宝对手的注意。一边念儿歌，一边轻轻摆动宝宝的小手，让宝宝的视线追随手的运动：“小手小手摇一摇，小手小手摆一摆，小手小手跑得快。”念“跑得快”时，以稍快的速度将宝宝的双手平放到身体两侧。

宝宝现在还不能随心所欲地摆动双手，这个时候妈妈可以拿着宝宝的小手，并且伴随儿歌开始运动。因为儿歌的节奏和小手运动的快慢有关，所以宝宝会对这种

游戏充满兴趣。而且宝宝可以从中感受到自己的身体随运动的变化，这可以帮助宝宝逐步地认识到手的作用。

温馨提示

专家指出，3岁前的孩子处于成长的巅峰期，一生中80%到90%的精细动作要在这3年中奠定基础，给孩子创造一个良好的教育环境非常重要。0~3岁宝宝的教育，要以婴幼儿的快乐体验为原则，用游戏的方式进行。

05 训练宝宝抓握的四种方法

新生儿的手一般呈拇指在手心的握拳状，只有在哭闹时才偶尔张开一下。

宝宝2个月以后，手还不能展开，也就不能抓握东西。

3个月左右，宝宝可将两手握在一起放在眼前玩，此时手能张开，但还不能坚持较长时间。他有时会表现出有意识的运动，两只手能凑到一起玩，玩自己的衣服，将其拉到脸上；或用手去抓周围的东西，并试图将物体抓住，但对距离的判断不准确，因此很难“得手”。

3个月后，宝宝就能拿着摇铃像举哑铃一样挥动手臂了，力度还很大，有时候会打到自己的脸。

下面介绍几种训练宝宝抓握能力的方法：

◎ 玩具训练法

爸爸妈妈要有意识地放一些能够吸引孩子并且便于抓握的玩具，如拨浪鼓、塑料玩具等在他的手中。刚开始先用玩具去触碰宝宝的手，让他感觉不同物体的不同质地。等到宝宝的手能够完全展开后，将玩具的小柄放入宝宝的手中，使之握紧再慢慢抽出。训练一个阶段之后他就会主动地抓握玩具，这时给宝宝选择带柄且易于抓握又能发出声音的玩具比较适宜，如摇铃、串珠等。

◎ 手指开闭训练

妈妈还可以在宝宝吃饱喝足、心情愉快的时候，一边对宝宝说话或唱歌，一边轻轻地掰开宝宝拇指，再将手指一根一根打开，轻柔地抚摸宝宝手指，再一根一根合拢，如此反复进行。

◎ 刺激抓握训练

为了刺激宝宝的抓握，妈妈可以把一个颜色鲜艳的玩具或物体放在宝宝能够抓到的地方，并且鼓励他去抓，不要把玩具放得太远了，以免他因抓不到而感到沮丧、泄气。

◎强化按摩训练

妈妈可以用按摩的方法强化宝宝的抓握能力，每天都可以给宝宝做手指按摩操。按摩的部位可以是手指的背部、腹部及两侧，但重点是指端，因为指尖上布满了感觉神经，是感觉最敏锐的部位，按摩指端更能刺激大脑皮层的发育。

温馨提示

装有珠子和小铃的玩具，家长一定要检查它是否结实，以防脱落后被小儿误食引起窒息。用手捏或抓握的玩具或较轻的小型舔弄玩具，一定要经常消毒。

06 不能忽略的潜意识培养

宝宝出生后，各种信息纷纷涌向他，他的各个器官以及那若有若无、百般神秘的“第六感觉”开始一起贪婪地吸收有效信息，其中潜意识起着重要作用。

潜意识“很勤奋”，即使人已处于睡眠状态它也在不停地活动，它继续有条不紊地将进入潜意识领域的各种信息进行排列组合，最后将工作的结果输送到意识中去，让其在意识活动中产生它应有的作用。

潜意识能力的发展同意识能力的发展正好相反，孩子越小，越接近零岁，潜意识对他的作用就越大。

刚出生不久的宝宝能把周围环境中的一切和生活中所经历的一切都记录在头脑中，然后最大限度地运用潜意识进行复杂多样的排列组合，从而认识新世界。

因此，宝宝在后来所萌发出的才能，完全是从潜意识的记忆中萌生出来的。

综上可知，潜意识的培养是婴幼儿期的一种重要学习，是大人们需要经过艰苦努力才能学到的东西。

宝宝能以潜意识轻松掌握很多东西，而且不会有不愉快的情绪，也不会有过重的负担。宝宝还会通过自己的无意注意、无意记忆，以及本能的好奇、模仿、揣摩学会很复杂的技艺。

07 视觉训练要投其所好

宝宝的视觉有着独特喜好。宝宝最喜欢注视的是人的脸，妈妈可以和宝宝面对面地谈话，让他注视你的脸，然后慢慢移动头的位置，设法吸引他的视线随着你移动。

红颜色是宝宝最喜欢的颜色。可用红色玩具，在距离宝宝15～20厘米的地方慢慢抖动，以引起宝宝注意，再慢慢移动红球，让他追视；也可给宝宝看红光，方法是准备一个手电筒，外面包一块红布，然后在距宝宝20厘米左右的地方给他看红光，要上下左右慢慢移动手电筒，让宝宝注视，以促进其视觉发育。这些训练可每日1次，每次2～3分钟。

08 听觉刺激训练

宝宝出生后听觉就已经很敏锐了，也具有了对声音进行辨别的能力。他对母亲的声音特别敏感。这时候，妈妈要多和宝宝说说话，逗逗宝宝，让他从刚一出生就开始接触语言的刺激。

在宝宝清醒的时候，还可以多给他放一些轻柔的音乐，这可以使宝宝情绪平静，并能感受到不同的音乐刺激。

同时，可以用摇铃刺激宝宝的听觉，变换方向引导宝宝寻找声音的来源，也可以同时训练宝宝颈部肌肉的发展。

家长可选择风铃、八音盒、摇铃、拨浪鼓及电子琴等音乐玩具，也可经常给宝宝听一些轻快、优美的音乐，这不仅能锻炼宝宝的听力，还对塑造宝宝活泼天真的个性和良好的审美情绪有很大帮助。

09 嗅觉、触觉全面训练

嗅觉对于新生儿来说是不容易被察觉的感觉功能。我们可以对宝宝进行一些嗅觉训练，以提高宝宝嗅觉的敏感度。比如，可以让宝宝有机会闻闻苹果、橙子、牛奶等不同的气味。

新生儿的触觉训练也是非常重要的。抚触其实就是最好的触觉训练方式。温柔的抚触不仅可以丰富宝宝皮肤的触觉感受，让宝宝更早地认识自己，同时也是爱的传递和交流。父母和宝宝都心情舒畅，才能建立和谐的亲子关系。

父母还可利用原始神经反射让宝宝的小手经常去抓握，这不仅可以训练小手的肌肉能力，而且不同质地的物品还可以让宝宝的手掌得到不同的刺激，从而促进手部感觉神经发展，可谓一举多得。

温馨提示

一般新生儿在吃饱后1小时左右会有10～30分钟的觉醒时间，我们要利用这段时间对宝宝进行视听等方面的训练。

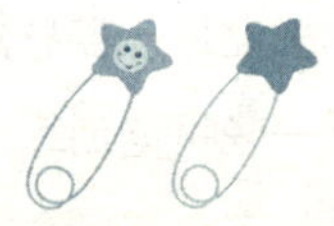

语言发展的先决条件

◎ 身体条件

产生语言的最基础条件就是要有正常的发音器官。发音器官包括喉、声带、咽、舌、唇、齿、腭等，这些器官结构一定要完整，必须具有正常功能，否则就会出现口吃、口齿不清等语言障碍。我们知道，唇腭裂的儿童就是因为器官畸形而无法正常发音。

另外，视觉、听觉等器官发育是否正常，对于语言的发展也起着决定性作用，其中正常的听觉、听力保证尤为重要，儿童要学会准确发音，一定要有良好的听力。

◎ 智力因素

一个人的大脑健全与否决定了他智力水平的高低，而语言的发生和发展与智力水平的高低有着密切的关系，如果一个人的智力发育迟缓，对事物的认识能力差，那么他的语言发展也一定迟缓。

科学研究表明，大脑是语言活动的中枢所在，人的语言经过视觉器官和听觉器官综合感知后输入大脑，大脑对其进行分析处理，之后再经神经传到发音器官进行言语的口头表达。

因此，如果大脑功能不健全或受到损伤，则会出现各种不同类型的言语障碍，尤其是大脑左半球的损伤，会导致已具有言语能力的人出现失语症。

◎情绪因素

快乐的氛围和父母及时的鼓励，会让宝宝觉得学习语言是一件快乐的事情，学起来会更有劲，收获和进步也会很多。因为小孩子有一个重要的心理特点就是“依赖性”，他还不能进行自我肯定，别人的鼓励是他学习的重要动力。

与宝宝分享学习的快乐是对他认知活动和语言发展最好的反馈和强化，会让宝宝更加自信，有更强的求知欲。

反之，强制练习、周围人的批评与嘲笑、父母不给予鼓励等所造成的不安情绪，都可能限制儿童语言的发展。

◎语言环境

孩子学习语言是从模仿成人的发音开始的。与成人交往较多的宝宝，语言发展速度较快；而出生后就脱离了成人语境或很少和成人有语言交流的孩子，很可能就不会说话，即使会说也较同龄儿童时间晚，能力差。

另外，广播电视及图书画报等周围的语言环境对儿童的语言发展也有重要影响。每个人的外语水平几乎都不及母语的原因也可以归结到语言环境。

◎ 社会、文化、经济条件

社会文化生活较丰富的孩子接收的语言信息就多，影响之下语言发展较快，表达能力也较强；而婴幼儿期生活单一、孤独度过的孩子，其语言发展则较迟缓。农村儿童比城市儿童一般语言发展较慢，语言较贫乏，也是社会、文化等方面有差距的结果。

◎ 性别差异

一般说，女孩子天生对语言比较敏感，比男孩子的语言能力发展要快些，有人归结原因时强调，女性左脑较发达，较感性。

在这些因素中，发音器官、听觉、大脑这三个环节是保证语言发育的先决条件，任何一个环节出现问题都会导致语言或言语的障碍。

11 宝宝哭的不同意思

宝宝满月后，语言基本上仍是以哭声来表示，不过这时候的哭声就有一定的意思了，宝宝会通过不同的哭声来表达不同的要求，所以我们大人一定要听懂他的这一特殊语言。

一般情况下，疼痛引起的哭声，往往是事先并没有呜咽或缓慢的哭泣作为过渡就突然大声哭起来，期间还会有较长时间的屏气，会把小脸憋紫；宝宝由于饥饿或口渴时的啼哭，是眼睛闭着，嘴向左右作觅食动作或一个劲地吸吮指头，双脚猛蹬，哭声响亮，没有停止的意思；要是尿湿了或有其他不舒服，宝宝的哭声往往是持续不断、悲悲切切，而且还委屈地流泪；如果是醒后想寻找妈妈，他的哭就是哭哭停停、哼哼叽叽；若是哭而无泪，脸上也没有痛苦的表情，哭声听起来抑扬顿挫，且在听到大人的声音时哭声反而更响亮，那就是为了唤起大人的注意，要人们来关注他一下。

12 最简单的“语言”

到2～3个月时，宝宝的哭声明显减少了。两个多月时，尽管宝宝的发音器官还不完善，但宝宝高兴时会发出1～2个韵母声。特别是在高兴时或在大人的逗引下表现更加明显，发出的韵母声，主要是基本韵母，大多是一张嘴气流从口腔中出来就能发出的音，不需要舌、唇较多的运动。

3个多月时，宝宝发音明显增多，情绪好时常常会主动发音，有时还会在成人的逗引下发出笑声。当他心情舒畅时，比如妈妈跟他说话和逗他的时候，他会表现得很愉悦，嘴里还会发出“哦”“啊”的声音；如果妈妈用温柔的又适当延长的声音对他说话（最好是类似模仿宝宝的咿咿呀呀声），宝宝就会很高兴地回应你，同时眼睛会看着你。这样的互动在宝宝满月时就可以进行了。

13 “唱歌”小游戏

游戏目的

提高宝宝“说话”的热情，对宝宝语言、交往等的发展是非常有益的。通过倾听有节奏的声音，可以提高宝宝对节奏的敏感度。

游戏步骤

1. 宝宝精神状态好的时候，妈妈与宝宝面对面，视线相对。

2. 妈妈自编简单的小曲调，“咿咿——咿咿咿——咿——”，反复唱给小宝宝听。

3. 放慢速度，引导宝宝学着发出“咿咿——咿咿咿——咿——”的声音。

4. 宝宝每发对一个音，妈妈就亲宝宝一下，给宝宝一个鼓励。

5. 附和着宝宝的曲调与宝宝一起“唱歌”。

游戏互动

这个时期的宝宝虽然还不能说话，但是已经能够发出一些短音，同他“交流”，可以刺激宝宝说话的兴趣。另外，妈妈在说话的时候尽量看着宝宝的眼睛，带着笑容慢慢地说。越慢，宝宝也就越容易接受。

做这个游戏的时候，家长发的音必须是短音，比如“嗒嗒嗒”“啪啪啪”等。短音节奏性强。可以配以相应的动作来表示节奏。

温馨提示

千万不要以为宝宝的语言能力是无师自通的。其实，宝宝每天都在留意大人发出的各种声音。所以聪明的妈妈要给宝宝丰富的“学习”材料，帮助他更快地开口说话。

满足宝宝的社交欲望

1个月的婴儿看到人脸或者听到人的声音时，就会微笑，会凝视母亲的笑脸，能与别人的目光交接，看到人来到他身边会安静下来；醒着的时候如果视野里没有人，就会显得不安，可见已经有了与人交往的欲望。

2个月时，会表现出苦恼、兴奋和快乐，除了会对母亲微笑外，还会把微笑献给身边逗他开心的每一个人，嘴里还会发出类似“啊”“哦”这样的声音来回应。

大约3个月左右，可以很明显地看到婴儿对照顾他的成年人，特别是对母亲，会表现出一种特有的所谓的“天真快乐反应”。每当这时，他总是注视着来人的脸，手脚乱动起来，脸上出现渴望的微笑，咿咿呀呀地想要扑过去，而对于陌生人却无这种反应。已能判断亲疏远近说明宝宝已经具备了最基础的社交能力。

对于宝宝的社交需要，父母一定要仔细体察，准确地捕捉、判断各种需求信息，并尽力给予满足。

父母经常逗孩子笑，可以使孩子社会性微笑较早地出现，而且提早认识父母；父母用亲切的声调多和婴儿说话，用慈祥的目光注视他以吸引他的目光与你交流。

这都可以满足宝宝的社交需求。

关注宝宝的心理需求

婴儿期的心理卫生，对孩子一生的心理健康都有着十分重要的影响。

根据神经反射的建立和最初心理现象形成的特点，我们必须注意以下几个方面：

1. 母亲应及早训练并建立新生儿主动寻找食物的条件反射。新生儿一出生就已经具有很多的原始神经反射，最重要的是吸吮反射，出生后20～30分钟时吸吮反射最强烈，迫切地想吃到母亲的乳头，如果错过了这个黄金时间，反射减弱，甚至会影响母乳喂养的顺利开展。在喂奶时，妈妈还可以用亲切温柔的话语与宝宝交流，言语刺激和情感共鸣能帮助婴儿建立神经反射，这是最初的智力开发内容，对促进心理现象的萌发和心理活动的发展都有一定的帮助。

2. 母亲应及时哺乳。让宝宝躺在妈妈的怀里，吸吮乳汁，感受温热的胸膛，体验绝妙的触觉感受，这可以让宝宝安静下来，从内心里感觉到安全。安全感是新生宝宝健康成长的关键，有利于宝宝良好心理品质的发展与形成。

3. 注意宝宝的生长环境。脑是人类心理活动的物质基础，而婴儿出生后第一个月的脑发育又是其心理活动健康发展的基础。安静舒适的环境、丰富的营养、充足的睡眠对婴儿的脑发育都极有好处。

4. 关注宝宝的啼哭。啼哭本是婴儿的天性，也是婴儿在不会说话时表达感情的语言。不哭不闹的沉默婴儿多是由于缺乏妈妈的爱抚所导致的。父母对孩子的哭闹熟视无睹、冷淡、拒绝，往往会造成婴儿心理闭塞。

16 与新生儿进行感情交流

如何和新生宝宝进行感情交流与互动呢？不妨试试下面的方法。

◎ 眼神的交流

妈妈在哺乳后可以抱起宝宝，并对他温柔地说话，以引导宝宝的目光注视自己（最佳距离是20厘米）。宝宝的注视会让妈妈感到很高兴，对宝宝的百般疼爱会让妈妈不由自主地把宝宝紧紧抱在怀里。而妈妈温暖的怀

抱和满含疼爱的眼神也会让宝宝显露出愉快的情绪。

◎ 语言的交流

当宝宝在吃奶时听到妈妈的谈话，宝宝就会停止吸吮或改变吸吮速率，而别人的说话声宝宝却不理会；妈妈说“喔，宝宝是妈妈的，宝宝认识妈妈吗？”这样的话时，宝宝可能会微笑。可见宝宝对妈妈的说话声尤其关注，而妈妈在对宝宝说话的时候最好慢慢移动面部，这样宝宝的头和眼球就会随着你而转动，这既可交流感情，又可对宝宝的视觉进行有效训练。

◎ 关注宝宝的声音

不会言语的宝宝会用声音来表达自己的情绪，需要父母细心体察并积极满足他们的心理需求。新生婴儿消极情绪较多，当渴了、饿了、冷了、困了、尿布湿了，他都会用哭声来表示；当他感到周围没人而觉得寂寞时，会发出不高兴的哼哼声；当他有病痛时，则会发出尖锐的哭叫声。细心的妈妈对于宝宝这种表达方式应该特别关注，知道宝宝为何而哭后要及时对症解决。为了宝宝能逐渐安静下来还可以给他唱歌、念歌谣，这种感情交流方式既能调动宝宝愉快的情绪反应，同时也可以促进他的发音。

17 逗宝宝微笑

微笑是人类最基本的动作，是表达感情最温柔的手段，它和语言一样，能让人们互相沟通和传递感情。

宝宝一般在出生第10~20天或者更早的时候就会微笑。这种笑与外界因素的刺激无关，不是由于看到什么东西而引起的，多半是在睡着的时候产生的，只是一种生理表现，所以被称作“自发性微笑”（又叫内在性微笑或反射性微笑，民间也称“睡笑”）。

宝宝1~2个月时的笑是因为外界刺激而产生的，被称作“诱发性微笑”，它是宝宝与人交往和表示自己快乐的一种方式。逗宝宝笑对他的心理健康发展十分有利，父母也能深深地体会到与宝宝在一起的欢乐。

宝宝3个月时，周围可爱的玩具、熟悉的人的笑脸和声音，都会让他清楚而明确地绽露出微笑。只要宝宝高兴，他会毫不吝惜地把微笑献给每一个人，这就是“社会性微笑”了。

家长可以通过游戏的方式逗引宝宝微笑：

1. 抱着宝宝轻轻地前后摇摆。

2. 随着摇摆的幅度，用食指轻轻地抚摸他嘴边的皮肤，然后说：“一二三，笑一笑”。

3. 当宝宝朝你微笑时，妈妈要面露微笑，并夸奖他：“宝宝，真棒！”不断重复这一游戏。

温馨提示

当你抚摸宝宝的嘴唇时，他会下意识地咧开嘴笑，这时你要及时回应宝宝。通过不断重复这个游戏，宝宝会养成咧嘴笑的习惯。这不仅有利于宝宝的身心健康，还能增进亲子感情。

第二章

4~6个月的宝宝

4~6个月的宝宝，体重、身长等方面的发育速度较以前稍显缓慢，但其他方面的发展较前三个月则有很大进步。这时，宝宝越来越可爱，也开始可以和大人进行互动。家人在照料宝宝上也越来越得心应手。孩子的每一点进步，都会让我们欣喜不已。

01 翻身练习

4～6个月的宝宝全身肌肉功能逐渐增强，力量逐渐加大。随着宝宝清醒的时间不断增多，他已经不愿意在床上安静地躺着了，开始尝试翻身。

◎ 帮宝宝翻身

翻身是个自然而然的过程，但妈妈也可以根据自己宝宝的特点，用相应的方法来帮他学翻身。当宝宝尝试了好几次还翻不过去时，就不妨帮他一把。

◎ 翻身训练方法各异

有的宝宝有侧睡的习惯，学翻身就比较容易了。可以进行下面这样的练习：在宝宝面前放一个色彩艳丽或者能发出声音的玩具，来引起他的注意力；把他的腿放在另一条腿的上边，在宝宝试图要去抓握玩具的时候在他背后轻轻地推一下，一个漂亮的翻身动作就完成了。多次训练之后，只要把腿放好，用玩具来诱导，宝宝也会自己翻过去，再以后只要用玩具逗引不必放腿，宝宝就可以熟练地做90度的侧翻。

有的宝宝没有侧睡的习惯，家长可先用一些宝宝喜欢的玩具吸引他从仰卧到侧卧，一般每日要2～3次，每

次训练2~3分钟。然后再用上面的方法进行训练。

翻身训练注意事项

1. 让宝宝在愉快的氛围中进行。
2. 妈妈的动作一定要轻柔，以免扭伤宝宝。
3. 开始训练时，练习时间和次数不要太长，要逐渐增加。
4. 不要在宝宝刚吃完奶或身体不舒服时练习。
5. 宝宝学翻身的时候，妈妈要悉心照顾，注意安全。

02 坐立练习

宝宝能独坐后，眼界开阔了，活动和认识范围扩大了，可接触许多未知事物，有利于感知觉的发育。因此，应该为这个月龄的宝宝提供练习坐的机会，但要注意不可操之过急，必须按照月龄及发育情况进行训练，过早或是长时间地让宝宝坐着，会造成脊柱的异常弯曲（如脊柱侧弯），影响正常发育。

4个月时，可练习拉坐。让宝宝躺在床上，大人轻轻握着宝宝的手腕，让他双手伸直前举，掌心相对，双手之间的距离与肩同宽；然后轻轻向前拉起宝宝，使他的

头、肩膀轻轻抬起并离开床面；此时宝宝屈肘用力想要坐起来，此姿势保持5～6秒后再慢慢地让宝宝躺下。父母也可以给宝宝做适当的拉坐被动操训练，每天坚持做几次，活动颈部、腹部和腰部的肌肉以加强它的功能，为宝宝坐立打下良好的基础。

5个月时，可练习靠坐。将宝宝放在舒适的儿童车上，让宝宝靠坐着玩；也可让宝宝坐在妈妈的腿上，背靠着妈妈的胸，先双手环抱靠坐，以后逐渐放手让宝宝独自靠坐；竖起抱时可让宝宝坐在大人膀子上；喂饭时，宝宝可坐在大人腿上或小车子里；风和日丽的日子，可让宝宝坐在儿童车里，大人推着到户外散步，环视周围事物，练坐的同时还可以看看风景。

6个月时，宝宝可以独坐。靠坐练习之后，要逐渐减少宝宝身后可以依靠的东西，慢慢地，宝宝仅有一点支持即可坐住或独坐片刻。刚开始独坐时，宝宝协调能力还不好，身体前倾或后仰现象时常发生，此时坐的时间不宜长，需一点一点地延长，直到能坐稳为止。

温馨提示

拉坐练习是让小儿借助家长的帮助自己用力坐起。如果小儿被成人拉坐起来时，无力屈肘，头部低垂，表示还不宜做这个动作，颈背肌肉及上肢肌肉力量仍需强化。

03 直立跳跃练习

宝宝到了6个月左右，筋骨更强壮了，肌肉更结实了，腿已经能支撑住身体的大部分重量。家长不妨给宝宝进行一些直立跳跃训练，来锻炼他下肢肌肉的力量，并让宝宝在跳跃中体验到运动的快乐。

◎ 帮宝宝直立跳跃

帮宝宝进行直立跳跃要循序渐进，不断的训练会让他站立的时间不断延长。

首先是让宝宝练站立。大人坐着，把两只手分别放在宝宝的腋下，让他在自己的大腿上站直。

然后，大人引导宝宝做跳跃动作。用双手轻轻向上提起宝宝，让他在大人腿上一蹿一蹿地跳跃，同时大人可以用亲切且富有节奏的语言伴随着宝宝做动作。跳跃时，可念一些节奏感强而且有趣的儿歌或伴以一些节奏欢快的音乐，以激发宝宝蹬腿的兴趣。

◎ 快乐并互动着

随着练习时间的延长，宝宝会逐渐喜欢上这项直立跳跃运动，只要大人一抱起他，宝宝就会自动地出现直立跳跃动作，同时还会表现出欢快的情绪。如此的直立跳跃训练可以让宝宝在运动中得到欢乐，在快乐的互动中增进亲子感情。蹦跳一会儿，大人还可以站起来握紧宝宝的腋下，悬空提起，摆动宝宝的身体或把宝宝举得高高的。这样的游戏对宝宝来说是很刺激、很过瘾的，他们会很兴奋。

◎ 注意事项

1. 大人自始至终要用手扶住宝宝腋下，每次站立时间不宜过长，以免宝宝疲劳。一般每天可练习2~3次。

2. 举高宝宝的时候，动作幅度不要太大，用力也不要太猛，否则，长期如此对宝宝的大脑发育不利。

婴儿被动操

婴儿被动操的做法及其益处，我们在前面已经讲过，这里主要介绍后增加的几节，适合4~6个月的宝宝做，以供家长参考。

第一节到第五节分别是准备活动、上肢运动、扩胸运动、下肢运动、举腿运动，做法同1~3个月。

第六节为翻身运动，目的是巩固翻身动作，促进宝宝动作的灵活性。

预备工作需做好，让婴儿处于仰卧位，成人一只手轻握婴儿前上臂，另一手托住其后背。动作很简单，可分为两步：一是将婴儿从仰卧推向俯卧，二是将婴儿从俯卧推向仰卧。

第七节为提臀坐起，可以活动颈部、腰部肌肉，为婴儿坐立打下良好的基础。

预备工作很好做，只需成人双手轻握婴儿两上臂。准备好之后，就可以运动了，先将婴儿两臂拉向前胸，再慢慢轻拉婴儿坐起，然后轻放婴儿仰卧（一手托住婴儿头部，一手握住婴儿双手），最后两臂放下还原即可。

第八节放松运动，准备工作和动作都同1~3个月。

温馨提示

4~6个月的宝宝可重点练习翻身和坐起，可在宝宝情绪和状态好的时候配合音乐来做。

05 手眼协调性的发展

宝宝到了4个月时，那种手指触及物体时能紧握着不放的“握持反射”已经逐渐消失，宝宝的两手可以自由地张开再合拢，可以很灵活地把手拿到眼前来玩，也可以把自己喜欢的玩具抓到手里来玩耍。

到5～6个月，伸手动作就更多了，只要是在视线范围内的东西，宝宝都想尝试着去抓，想要拿过来感觉一下。这时，宝宝已经能够两手同时去抓东西了，只是还

这是小朵朵第一次主动抓握

不会用手指尖来捏东西，只能用手掌和全部手指生硬地抓，但这也已经是很大的进步了。

4～6个月的宝宝，小手可以灵活自如地抓握东西，手眼的协调性不断增强，宝宝这时已不仅只是把手指送到嘴里，还会把自己抓到的食物喂到嘴里。

宝宝看到自己喜欢的东西，就有一种要抓过来的欲望；抓握成功后，宝宝会观察手中的东西，然后捏着玩；嗅觉和味觉已经很灵敏的宝宝会把这些东西送到嘴里，一边吃一边玩，吃得津津有味，玩得乐在其中，只是“粮食”浪费了不少。宝宝能用自己的力量把东西送到嘴里是很不容易的，这不仅是动作上的进步，也是视觉、嗅觉、味觉水平都有提高的结果，也是智力发育登上新台阶的标志。

训练手眼协调性

手眼协调运动的发展对促进儿童心理发育有着非常重要的作用。婴儿通过玩弄物品，可以从中感觉到物体的大小、形状、颜色、质地等特点，从而加深对物体特征的认识，也能提高宝宝的观察能力，让宝宝在玩耍中增长不少见识。

4个月以后的宝宝，随着视觉和运动能力的不断发展，不仅能用眼睛观察周围的物体，而且会在眼睛的支配下，准确地抓住东西。一看到新奇的东西，马上就伸手去抓，一边拿在手里玩弄，一边目不转睛地盯着看，好像在进行研究，有时甚至会把东西抓到另一只手上，手和眼的反应已经相当协调一致了，这是标志性的进步。

在关注并训练宝宝的运动能力的同时，要注意引导宝宝手眼协调功能的发展。家长可以用以下这个简单的方法进行训练。

在宝宝的视野范围内，先吸引他注意床上的一件有趣的玩具，再吸引他用手去摸，然后问宝宝："玩具在哪儿？"经过多次训练，孩子就会用眼睛来巡视定位，然后很自然地把玩具抓到手里。

07 气球铃铛小游戏

游戏目的

引导宝宝将视线从一个物体转移到另一个物体上。培养宝宝的自我意识。发展宝宝手眼协调能力。

游戏步骤

1. 准备几个彩色的氢气球，在每个气球下系上小铃铛。

2. 让宝宝躺在床上，妈妈先把其中一个氢气球用彩色的丝线系着，系在宝宝的一只手腕上。

3. 妈妈轻轻地碰一碰气球，气球左右摆了摆，引起小铃铛叮叮当当地响。

4. 宝宝开始注视气球，并高兴得手舞足蹈。宝宝的手一动，气球也会随之飘动，引起铃铛叮叮当当地响。清脆悦耳的声音加上飘动的彩色气球，会使宝宝感到新奇和愉快。

5. 每次玩时，妈妈可以把丝线系在宝宝不同的手或脚上，锻炼宝宝不同肢体的灵活性。

温馨提示

游戏时，每次只给宝宝一个部位绑气球，系气球的丝带不能太长，以免丝带缠绕伤着宝宝。游戏时，家长不要急于让宝宝发现手动与响铃之间的关系。宝宝注视彩色气球也很有益处，可训练宝宝的注意力。

游戏互动

宝宝看到彩色的气球会很感兴趣，当宝宝碰到气球并且听到悦耳的铃声的时候，宝宝会很高兴。然后宝宝会发现自己的手动，气球就动，还会听到声音。他会不断尝试去发现其中的奥妙。

08 允许宝宝吃手指

4~6个月的宝宝可以喂自己吃东西了，但他还只是满足于“吃”这样的形式，而不是注重吃的内容，不会关心是饼干还是面包。家长们会发现，很大一部分宝宝还是经常吃手指、咬东西，不禁担心宝宝会不会养成吃手指的坏习惯。

吃手指是孩子成长经历中必然要出现的过程和现象，大人不必担心。吃指头说明宝宝支配自己活动的能力有了很大提高，它的原因有以下几种：饿了、疲劳、生气等。

吮吸手指是让宝宝的情绪放松并逐渐稳定的最佳方式；宝宝到了出牙期，牙床会痒，咬东西也是缓解不适的好办法；吃手指或咬东西，是宝宝了解自己的表现，也是积极探索外部世界的方法。

家长要细心观察并分析宝宝吃指头的原因，但没有必要强行制止。在宝宝情绪不好的时候，要多陪陪宝宝，去戏逗他，分散其注意力，当不需要自我安慰的时候，宝宝就不会去吸吮指头了。

到8～9个月的时候，宝宝就会自然而然地告别吃指头、咬东西的旧喜好。

温馨提示

在宝宝的手可触及的范围内，不能有硬的、锐利的、小的东西（如纽扣、别针、大豆、花生等），以免宝宝因误食而发生窒息。要经常保持宝宝双手的清洁。可教宝宝用小勺吃辅食，以锻炼其手臂的力量，也可增强宝宝手、眼、口的协调性。

09 培养宝宝的观察能力

出生4个月后，宝宝在吃奶的时候不是很专心了，会突然丢下奶头转而看其他人在做什么，或者会很温柔地看着妈妈，嘴里发出“咿咿呀呀”的声音，若是得到妈妈的回应，他会很专注地看妈妈几分钟，之后才会想起自己的主要任务是吃奶。

这些现象背后有一个让人激动的事实：我们的宝宝对周围环境的兴趣和认识能力有所提高，已经开始观察环境了，并且乐在其中呢！

那么，如何培养宝宝的观察能力呢？

这个时期，父母要利用宝宝对某些事物感兴趣这一特点，有意识地在婴儿各种感官发展的基础上，进一步帮助宝宝观察周围环境、认识世界。观察可以从室内向室外、从人到物循序渐进。

◎ 从兴趣入手

父母找出宝宝最爱看的东西让他学习，才能容易学会。如宝宝对妈妈的眼镜感兴趣，总喜欢盯着看，还试图用小手抓住它，妈妈可把眼镜摘下来拿到他的眼前，再让他的小手摸一摸，然后对着宝宝一字一顿地说“眼镜”，再把眼镜戴上，指着它说“眼镜”，这样不断地强调，宝宝就会认识这个事物。

◎ 进行语言引导

平时做事也最好是对孩子边做边说，特别是对他日常接触的事物、经常看到的物体均可用语言进行强调，如“鼻子”“奶瓶”“水”“香蕉”等，并可告诉宝宝这些事物的颜色、形状、作用等，训练宝宝逐渐听熟这些名称，将词和物联系起来。这样不仅扩大了宝宝的认知范围，而且还可促进宝宝语言理解能力的发展。

还可鼓励宝宝在听到物名后，不但用眼睛看，而且用手去指。指认物名是宝宝出生5～6个月的训练重点。开始时扶着宝宝的手去指、去触摸，慢慢地让宝宝自己去做，以促进宝宝手眼脑的协调发展。

◎ 户外观察

宝宝最喜欢到室外观察了，花草树木、大汽车、小动物都会大大地吸引他的眼球，我们可用语言和动作引导宝宝观察。

在户外时要尽量指引宝宝看较远距离的物体，来发展小儿视觉，看看蔚蓝的天空、漂浮的彩云、公园里五颜六色的鲜花……让孩子从小接触绚丽多彩的颜色，能给孩子产生一个良好的刺激，促进孩子大脑发育，使孩子更加聪明、机敏。

外面的世界很精彩，多抱孩子去室外“见见世面”吧！

温馨提示

心理学研究表明：“好看”的颜色会使人的身体感到舒适，情绪得到均衡，行为变得灵活、协调。

10 宝宝最初记忆的特点

据研究表明：宝宝见过的事物重新出现在眼前时，1岁以内的宝宝只能认得几天以前的事物；宝宝见过的事物不在眼前时，1岁以内的宝宝不能回忆起来。

对于刚刚萌发记忆的4～6个月的宝宝来说，他们的记忆更短暂。所以，如果不是妈妈或其他亲近的护理者，只要几天不见，宝宝就有可能把你给忘了。

另外，宝宝最初的记忆是无意记忆，带有很大的随意性，没有目的和意图，在无意中不知不觉记住了很多东西。

他们的记忆还带有很明显的感情色彩。色彩鲜艳或活动的事物，能引起宝宝强烈的情绪而容易被记住并保持下来；对于引起强烈的消极情绪（如害怕、委屈、痛苦等）的事物，也容易被孩子记住；而平淡、枯燥的事物则不容易被记住。

11 用重复法开发宝宝的记忆潜力

宝宝的记忆能力会随年龄的增长而自然发展。有效地挖掘宝宝的记忆潜力是非常重要的。开发宝宝的记忆潜力，要根据他记忆的特点有目的、有计划地开展。

越熟悉的事物宝宝越容易记住，重复的办法可以让宝宝加深对事物的印象。日常生活中，成人见到什么物品就告诉宝宝这是什么，这是什么颜色。物体的名字和颜色，多说几遍宝宝就能记住。

以认识红色为例，当看到红色的花时，告诉宝宝：“这些红色的花儿好漂亮，这些花是红色的。”给宝宝吃苹果时，要跟他强调：“宝宝，你正在吃苹果，红苹果。”还有，讲故事时多讲几遍，宝宝可能自然而然就记住了。

宝宝听音乐有讲究

听音乐不仅对大脑的锻炼有潜移默化的作用，还可以拉近亲子关系，其中的歌词更能促进宝宝语言能力的发展。

◎ 听什么音乐最理想

给宝宝选择的曲子以旋律优美、节奏舒缓的轻音乐最为理想。因此，宝宝婴儿期的音乐应以睡眠音乐为主。所谓睡眠音乐，其实就是除了摇篮曲外，所有旋律优美、节奏缓慢的曲子。

◎ 什么时间听音乐合适

除了睡觉时间，宝宝在生活起居时，都可以适时地给宝宝提供音乐信息的刺激，来强化孩子对各种音乐情绪和音乐旋律的感受和记忆。

宝宝吃奶时，优美抒情、节奏平缓的曲子响起，进食就成了一件愉悦又放松的事情；亲子游戏中，放一些轻快活泼、节奏跳跃的音乐，宝宝会很自然地把音乐中所表达的情绪和自己当时的心情联系在一起，如此的音乐感受又会很自然地被记忆；哄宝宝睡觉时，给他听安静柔和、节奏舒缓的音乐，而轻柔的摇篮曲是最佳选

择；妈妈也可以轻拍着宝宝轻唱甜美的摇篮歌催他入睡。对宝宝来说，妈妈的歌声就是天籁之音，轻轻地打拍子也可以让宝宝感受到音乐的节奏。

温馨提示

给宝宝听的音乐，要符合孩子的身心特点，成人化的歌词和激烈的节奏都不适合宝宝。音量还要适中，以免宝宝听觉疲劳乃至损伤。另外，给宝宝听音乐也要观察他的反应，没有兴趣或烦躁时要停止。

先听后说多“对话”

宝宝在听话的过程中，通过潜意识的作用，接受大量的语言信息，同时，大量的语言信息刺激也使宝宝的听觉和发音器官不断健全和发展，促使宝宝早说话。

相反，如果宝宝从小听不到或很少听到成人的话语，他的语言发展就自然会缓慢，说话能力就会弱，同样也会影响宝宝智力水平的发展。

让宝宝的语言能力获得良好发展，并不需要你做特别多的事情，只需每天拿出几十分钟的时间，认认真真地和宝宝“对话”，你就会有意想不到的收获。

“对话”可以在日常的喂养中进行，也可通过和宝宝一起玩游戏来完成，能把动作和语言联系起来会更好。

比如，在喂奶或做其他护理的时候，教他认识奶瓶、童车、衣服、小碗等物品；念儿歌时教他认识书；带孩子外出时，可以告诉他什么是树，什么是花；和婴儿一起玩的时候教他认识自己身边各种各样的玩具。

教的过程中，最好在宝宝面前做出张嘴、吐舌或其他各种表情，并用亲切温柔的声音和宝宝“谈话”，让他注意到你的口型和面部表情，逗他发音。渐渐地，宝宝就会发出应答似的声音来和你“交谈”。

成人指着不同物品，用清晰缓慢的语言对孩子说“这是什么”“那是什么”，让他感觉，让他看，让他听；也可以用亲切的声音、变化的语调，跟宝宝讲他当前面对的事物和事情。比如对他说“宝宝在摇小铃铛”，“妈妈正给你换尿布呢”等等。这些都可以教宝宝在情景中理解语言。

14 听童谣发展语言能力

喜欢听歌曲是孩子的天性，童谣特有的节奏和韵律最适合小宝宝听，每次即使放几分钟也会让宝宝很享受。

宝宝清醒且情绪很好的时候，可选择节奏欢快的童谣CD放给宝宝听；你也可以自己学会童谣以后唱给宝宝听。

而在宝宝哭闹或者每次睡觉前，妈妈可以给他唱摇篮曲。轻柔舒缓的曲调足可以为他营造一个安静、舒适的睡眠环境，宝宝会很快安静下来，在甜蜜中慢慢地进入梦乡。

除此之外，还可以多给他们唱唱歌、念念童谣，甚至讲点小故事、朗读简单的诗歌，这些形式都有助于提高宝宝的语言接受能力。如有条件，还可用多种语言与宝宝对话。

做游戏发展语言能力

一些语言游戏，对于宝宝接受、理解乃至学习语言都很有帮助。成人不妨用夸张的表情，模仿小动物的叫声给宝宝听。拟声词很容易引起宝宝的兴趣，如果再模仿不同小动物的动作，这样更能引起宝宝的注意。

可以和宝宝面对面坐好，握住他的两只小手，教他对拍。边拍边说："拍拍手。"然后不握他的手，看他能不能自己拍。同样的方法，可以教宝宝做点头的动作。这可以锻炼宝宝理解语言的能力和模仿力。7个月以后的宝宝，在听到一些特定的语言信号时，就能用动作表示出来了，因此不妨多和宝宝玩玩类似的游戏。

说笑与哭闹都是训练良机

宝宝已能发出较多的自发音，并能清晰地发出一些元音的时候，是父母培养宝宝发音的好时机。宝宝情绪愉快时多与宝宝说笑，能促进宝宝的发音和语言发展，而宝宝哭的时候也是不可错过的训练机会。有时宝宝哭个不停，妈妈可以轻轻抱起宝宝，用手指在他嘴上轻拍，让他发出“哇、哇、哇”的声音，也可以将宝宝的手放在妈妈的嘴上，拍出“哇、哇、哇”的声音。这可以作为宝宝发音的基本训练，也可促进宝宝对语言的感知能力。

温馨提示

教宝宝发音的时候一定要保持和孩子同样的高度，让他能看到你的唇型。和孩子说话或给他讲故事时，要注意情绪的渲染，最好声情并茂。

17 如何消除宝宝的认生情绪

50%~80%的宝宝都会认生，有的宝宝在四五个月的时候就开始对陌生人哇哇大叫，更不喜欢陌生人来抱他；有的则到了一岁左右才后知后觉。

宝宝的“认生”是他在扩大社会交往面过程中的一种学习和保护机制，正如我们成人在不熟悉的圈子里会表现得比较害羞、寡言和退缩一样，是一种很正常的行为表现，会随着成长过程中认识能力的提高而消失。

要消除宝宝的认生情绪，最重要的是要给宝宝安全感。遇到陌生环境或陌生人，妈妈或亲近的人及时给予宝宝安慰，会给宝宝带来安全感和接触陌生人、陌生环境的勇气。家长们要注意以下四个细节：

1. 到了陌生环境，拥抱和亲吻会给宝宝十足的安全感。

2. 不要强迫宝宝见陌生人，甚至强迫他去讨好别人。

3. 宝宝认生哭闹时，不可责怪或打骂他，要耐心安慰。

4. 要多带宝宝到户外。接触不同的环境、不同的人与事，感受不同的生活气息，对克服宝宝认生非常有帮助。

18 爸爸举高游戏

游戏目的

让宝宝体会父爱，使他感受到家庭的温暖。

游戏步骤

1. 爸爸用强健有力的双手把宝宝抱在怀中，同宝宝说话，逗宝宝笑。

2. 在宝宝心情愉悦、神经放松的时候，把宝宝举到空中，爸爸发出爽朗的笑声。

3. 把宝宝抱回到怀里亲一下。如此反复。

游戏互动

爸爸抱着宝宝的时候，宝宝会感到和妈妈抱时不一样。爸爸要比妈妈更有力气，抱着他的时候更有安全感。爸爸的笑声洪亮且低沉。爸爸不但会唱歌还会吹口哨，这让宝宝觉得更刺激，也更快乐。爸爸对宝宝的关爱会让宝宝感受到父爱，这和温柔的母爱完全不同。这两种关爱，会让宝宝感受到家庭的温暖。

温馨提示

宝宝开始觉察到有两种不同的人，一种像妈妈，一种像爸爸，都很爱宝宝。父母都爱护自己，自己属于这个家庭的一员，这种家庭观念会影响宝宝一生。

19 照镜子小游戏

游戏目的

促进宝宝的观察力，提高宝宝暂时记忆的时间。还可以促进宝宝自我意识的发展，让宝宝学会照镜子，会对镜中的自己微笑。同时培养宝宝对不同质地物体的感知力。

游戏步骤

1. 妈妈把宝宝放坐在宝宝车里。推着宝宝到镜子前停下来，让宝宝看到镜子里的自己。

2. 妈妈引导宝宝用手触摸镜子，并对宝宝说："镜子可真光滑呀！宝宝也来摸一摸光滑的镜子。"

3. 妈妈给宝宝一件玩具让宝宝玩，然后，妈妈指着镜子让宝宝看，说"宝宝在玩小鸭子"。

4. 妈妈可以拉着宝宝的手，把宝宝手中的玩具摇一摇，让宝宝观察镜子中的宝宝也在摇手中的玩具。

游戏互动

这时的宝宝，还不知道镜中的人是他自己，但是宝宝仍会听从妈妈的引导，对着镜子做各种动作。如，对着镜子笑，点头，挥手，说话，与镜子中的人玩。尽管这时的宝宝还不会说话，但是他们已能部分地听懂大人的话。所以游戏进行中，家长应不断地对宝宝说话。

温馨提示

游戏时，妈妈应给宝宝穿上颜色鲜艳的衣服，给宝宝玩的玩具也应该醒目，这样易于引起宝宝的视觉注意。

第三章

7～9个月的宝宝

7～9个月的宝宝，各个方面都有较大变化，睡眠时间和次数也在不断减少。这个时期的宝宝嘴里会发出“ba-ba”“ma-ma”的声音，虽然并无所指，只是一些习惯性的发音，但这种发音练习也是宝宝语言能力的开始。而这个时期的哭闹也是宝宝自我意识初现的标志。

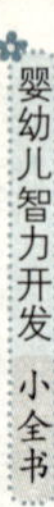

01 宝宝能独坐了

到7个月时，宝宝就可以自己独坐了。他能空出双手来进行其他探索，还能学会在坐着的时候怎样扭转身体去拿自己想要的东西。多数宝宝已经能够不费劲地自己坐着玩了。

大约到了8个月以后，婴儿能够自己从扶站的直立位坐下来。

9个月时已经能够从卧位坐起来。

宝宝会独坐后，好处多多：

1. 坐着看东西时，宝宝的视角和视线与所注视的物体处于相对平行的位置上（不像仰卧时只能面向房顶，婴儿注视物体只能处于斜位方向），也不再像趴着的时候看东西那样费劲地抬着头了，这有利于双眼的协调以及视觉的发展。

2. 宝宝坐着时，双耳与外界物体处于对称的位置，头部的转动也有助于宝宝确定声音的方位，使听觉更加灵敏。

3. 宝宝坐着时，双手能更好地解放出来，能更自由地进行手眼协调练习，手指的精细动作发展会更快。能坐以后，宝宝有了新的自由，他可以转来转去，俯身去捡东西，再把东西往下扔，在不断的重复中体会着新生活的乐趣。

宝宝坐得稳当后，他的动作就开始向独自站立发展了。到了出生后7个月时，约有半数的宝宝能扶着小床、围栏或大人的手自己站立；一般到了8个月左右，部分小儿就已经能拉着栏杆等东西自己站立起来了；到了9个月末，多数小儿已经能自己站立起来了，少部分小儿甚至能在上述扶站的基础上开始扶着小床迈步“摸走”了。

扶站训练

这一阶段，家长可帮助宝宝进行扶站练习，从而为以后独站、行走打下基础。

家长可扶着小儿腋下让他练习站立，或让他扶着小车栏杆、沙发及床栏杆等物体站立；大人是小儿扶站的最好“拐棍”，必要时可站在小儿旁边，让小儿捉住成人的手站起来；也可在小儿坐的地方放一张椅子，椅子上放一个玩具，大人逗引他前往拿玩具，并鼓励他先爬到椅子旁边，再扶着椅子站起来；成人可用玩具或小食品吸引小儿的注意力，延长其站立时间。

在以上练习能较好完成的基础上，可让宝宝不扶物体独站片刻。

温馨提示

宝宝尝试扶走时，要给宝宝穿上短袜子，这对支持他站立、跨步都有好处。另外，宝宝不想走时，千万不要催他，否则对其腿部肌肉和骨骼发育不利。

03 爬行训练

训练准备

一般情况下，宝宝能够自由翻身就有了学爬的机会，出生后6~7个月时，家长可有意识地给宝宝进行爬行训练。

爬行训练需要一个适合爬行的场地，如一个大的床或铺上席子、毯子或者泡沫的地板，场地要平整干净，不能太软。

◎ 训练方法

开始时，可用玩具逗引宝宝，在宝宝面前摆弄一些会叫或会响的玩具吸引宝宝的注意，并对宝宝说话来鼓励他向前爬行。

宝宝为了拿到玩具，会使出全身的力量向前匍匐爬行，可是，往往开始时不但没有前进，反而后退了。这时爸爸可用手推着宝宝的双脚掌，使其借助爸爸的力量移动身体，接触到玩具。此后，就要逐渐减少帮助，训练婴儿自己爬。

刚开始练习爬行时，宝宝很费力，腹部很难离开床面。大人可用一条毛巾放在他的腹部，然后提起毛巾两端，使宝宝腹部悬空，让他练习手膝爬行，渐渐地，他的上下肢就协调起来，可以用双手和双膝协调灵活地向前爬行了。

经过反复练习，一般在宝宝8～9个月时就能独立爬行了，到1岁以后爬行动作则更加灵活自如。

◎ **注意事项**

1. 宝宝在过软的支撑物上练习爬行容易扭伤，地板、游戏毯、硬板床或有一定强度的床垫较安全。

2. 在宝宝精力较旺盛时做爬行练习，掌握效果更好。

3. 用玩具激发宝宝爬行兴趣时，目标物的距离不要太远，否则会挫败宝宝的积极性和好奇心。

4. 练习爬行时要注意劳逸结合，宝宝疲倦时，不能硬逼着练习，要让他休息。

04 婴儿主被动操

7～9个月的婴儿已经有了初步的自主活动能力，能自由地转动头部，自己翻身，独坐片刻，双下肢已能负重，并上下跳动等，这样就能配合大人做主动运动了。

婴儿主被动操适用于7～12个月的婴儿。婴儿每天进行主被动操的训练，可活动全身的肌肉关节，为爬行、站立和行走打下基础。

◎ 第一节，准备运动（同前面的婴儿被动操）

◎ 第二节，上肢运动

上肢运动可以活动肩关节、肘关节、上臂，锻炼胸部肌肉。做之前要让婴儿处于仰卧位，成人将两手的拇指分别放在婴儿掌心并轻轻握住其双腕，让婴儿两臂分放于身体两侧。动作分为四步：1. 两臂胸前交叉；2. 两臂分别向外上方环绕；3. 两臂胸前交叉；4. 还原。

◎ 第三节，桥形运动

做桥形运动是为了活动腰肌、腹肌及脊柱，为爬站打下基础，做之前要让婴儿处于仰卧位，成人用左手按住婴儿两脚踝部，右手托住婴儿的腰部。动作较简单，即托起婴儿腰部，使婴儿身体呈桥形（头脚不要离开仰卧处），之后还原。

◎ 第四节，下肢运动

宝宝做下肢运动的关键就是活动髋、膝关节和下肢肌肉，促进下肢运动的协调性。做之前要让婴儿处于仰卧位，双腿伸直，成人双手握住婴儿两踝部。动作也分为四步：首先，婴儿左腿屈曲至腹部；接着左腿向外侧环绕；然后左腿屈曲至腹部；最后左腿放下还原。

第五节，提腿运动

提腿运动是为了锻炼下肢肌肉。做之前要让婴儿处于仰卧位，成人用双手握住婴儿两脚腕。动作依次是：提起婴儿两脚与桌面呈45度；继续提腿使婴儿腹部离开桌面；放下两腿同1；还原。

第六节，踝部运动

踝部运动很重要，可以活动踝关节，为爬、站、走做准备。做之前也要让婴儿处于仰卧位。成人左手握住婴儿踝部，右手握住婴儿足前掌，动作分为两步：一是以左踝关节为轴，向外旋转4次；二是以左踝关节为轴，向内旋转4次。（后两个四拍，右足动作同左足）

第七节，拾物运动

拾物运动可以活动腰背部肌肉及腰椎，促进注意、观察及手眼协调能力。这一小节的预备工作要做好：让婴儿背靠成人胸站立，成人右手扶住婴儿腹部，左手按住婴儿双膝，在婴儿脚前约25厘米左右放一个宝宝喜欢的玩具。动作就是让婴儿弯腰拾桌上的玩具，婴儿拾取玩具后由成人辅助站起。

第八节，扶走运动

做扶走运动是为了锻炼宝宝的下肢肌肉。做操之前，婴儿要呈仰卧位，成人双手分别握住婴儿两上臂。动作分为以下几步：1. 将婴儿拉成坐位；2. 将婴儿拉成站位；3. 拉婴儿向前走。每一步按四个节拍做。

◎ 第九节，跳跃运动

做跳跃运动是为了训练腿部力量，也可增加与成人之间的互动交往，培养积极向上的良好情绪。做操前让婴儿面向成人，成人双手托住婴儿腋下。动作分很简单的两步：先将婴儿托起离地；放下还原。

◎ 第十节，放松运动（同前面的婴儿被动操）

做操的过程中，成人的动作要轻柔而有节奏，最好放些轻柔的音乐以配合婴儿做操。

手指动作发展过程

下面以拿一个立方体为例，讲述7~9个月宝宝手指动作的发展过程，可以看出宝宝手指动作的逐渐精细过程。

宝宝约7个月大时，手指的力量已能克服重力作用，能拿起立方体。抓握时，婴儿表现出初步的“对指”能力，即抓握过程中拇指与其他四指相对（指腹相对）、保持平行并同时用劲。

宝宝8个月以后，抓握过程中，手在立方体一侧放下，拇指接触立方体的一个平面，食指、中指则接触与拇指所在立方体的平面平行的另一个平面，然后在3个手指的共同“努力”下抓起小立方体。

宝宝到了9个月之后，抓握时，拇指与食指相对，仅用这两个手指就可以抓起立方体。

手指动作训练

7个月后，宝宝手的动作明显变得灵巧了，手指动作更加精细，可熟练地抓起很多小物品，可以轻松地操作一些玩具来自我娱乐。我们知道动手对于大脑发展有促进作用，所以给宝宝进行相应的手指动作训练是很有必要的。

◎ 捏物训练

可让宝宝开始学习捏取一些小的物品，如爆米花、小糖豆等。刚开始学的时候，需要大人的示范。可用一个小口径的塑料瓶，引导宝宝把小糖豆放入瓶内再倒出来，再放进去，来回玩耍。大人应观察宝宝能否用拇食指协调拿起爆米花、小糖豆等小物品并自如地放下。如果动作还比较生硬，不够协调，就应多给宝宝做这类练习。训练到后来，很多宝宝就可以把小糖豆捡拾起来喂到自己的嘴里。

◎ 拔高训练

宝宝能准确抓握之后，可给他一些积木、套碗、套塔等玩具进行手指动作的拔高训练。

◎ 协调、连贯性训练

让宝宝抓住一个再抓一个，也可给宝宝同一只手上送两次玩具，让他学会将玩具传递到另一只手上再取第二个玩具。这样，宝宝手指动作的连续性和协调性可得到很好的锻炼。

◎ 击打训练

可指导宝宝对击手里的两个玩具，如对击积木、小套碗等。大人要给宝宝做好示范以吸引其注意力并让其主动模仿。可先拿同样的两块积木或套碗，一手一块，有节奏地击打给宝宝看；也可以配合语言动作，让他学着模仿敲击。反复多次训练，宝宝自然会受到感染，拿上玩具就会不由自主地击打。

目的性训练

宝宝开始拿玩具时可能会扔掉或撒手，并不会有意识地放下，因此，我们要适时地训练宝宝有意识、有目的地拿起或放下。训练时，大人的指导性语言很重要，要明确地对他说：把某某东西拿起来或放下，或给某人，或放在某处，如“把那块小积木放到杯子里”“把小熊拿给妈妈”等。宝宝带着任务去拿或放，兴趣会很浓，再加上成功后大人的鼓励和夸奖，宝宝自己动手的兴趣和信心便会被激发出来。

温馨提示

小儿手部精细动作的发展遵循了从混浊到分化、从无意识到有意识的过程，基本形成了这样的规律：本能的抓握→有意识地满把抓握→拇食指以及拇食中指的协调抓握→抓放可逆→双手协调。

07 拾物和找物训练

随着宝宝手部精细动作和手眼协调能力的逐步发展，可以让宝宝做一些拾物和找物练习，这些练习不但有趣味性，还有一定的锻炼功能。

拾物训练

拾物练习主要是练习宝宝弯曲及直立身体的能力，同时也可以促进宝宝手眼协调能力的发展。

宝宝还不能扶站时，让他借助大人双手的支撑站立，大人把一些宝宝喜欢的玩具放在他面前的床上，用语言逗引他去注意玩具，有了兴趣他就会弯腰去捡，捡到玩具后再直起身，可反复多次训练。

宝宝学会扶站后，可在他脚边放一个玩具，引导宝宝在一只手有支撑和凭借物的情况下，弯下腰用另一只手捡身边的玩具。拾到玩具后，大人可不要忘了用语言或行动给宝宝一点鼓励，如“宝宝真能干”等，孩子会很高兴地再次去捡玩具。

找物训练

7~9个月的宝宝，认知能力和语言接受能力都有了较大提高，已经能够把自己经常玩的玩具和名字对上号。

当听到大人说出玩具的名字时，宝宝会很快地用眼睛找到。这时，就可以和宝宝玩寻找玩具的游戏了。

我们可用一块布蒙在玩具娃娃上，不要全盖上，要露出一部分，让宝宝知道娃娃并不是真的消失了。当我们问："宝宝，娃娃呢？"宝宝就会很快作出判断并把娃娃拿出来。

然后，逐渐可以扩大到用手帕盖住其他一些体积较大的玩具，如小汽车、大狗熊等，并露出汽车的一只轮子、狗熊的两条腿，让宝宝寻找。当宝宝揭开手帕找到这些玩具时，会体验到无穷的快乐。

再以后，难度系数可逐渐增加。可以把玩具藏在枕头下、被窝里这些比较隐蔽的地方，考验一下宝宝，看他是否能找出来。但一定要做到一点，就是要露一些小马脚，即如前所说露出玩具的一部分。因为这时我们的宝宝还很小，完全藏起来让他去找要求太高了，总是失败的游戏对宝宝来说也没有任何益处。

温馨提示

客体永久性概念的建立和记忆的发展密切相关，它是思维、想象活动等能力发展的基础。多训练把玩具藏起来让孩子去寻找，可以促进这一概念的建立。

08 运球小游戏

游戏目的

通过互动游戏和对手的锻炼，增加宝宝手脑灵活性，达到运动益智的目的。

游戏步骤

1. 准备好地毯和一个大橡皮球。

2. 妈妈与宝宝面对面坐在地毯上。

3. 妈妈将大橡皮球向他滚去，然后鼓励宝宝将球向自己滚回来。

游戏互动

宝宝会因为妈妈和他同等相对而感到高兴。这个时候妈妈将皮球滚给他，他会十分开心。妈妈要不断地告诉宝宝，要把球滚回来。游戏过程中要不停地鼓励宝宝、赞美宝宝。

温馨提示

沙滩球用来做这一游戏非常合适。因为宝宝太小，所以妈妈滚球的时候不要太用力，以免把宝宝撞倒。如果宝宝不能把球滚给妈妈，妈妈记得要帮助宝宝。

09 正确引导自我意识

宝宝7～9个月时正处于自我意识的萌芽时期，开始懂得“我”的含义，对他们来说，只要是自己喜欢的东西，就是“我”的，且基本上以个体活动为主，还不懂得与人分享。

宝宝自我意识的认识过程是一个由模糊混沌逐渐走向清晰的过程。要让处于混沌状态中的宝宝尽快启蒙，就要想办法从视觉、听觉、触觉诸方面对宝宝进行适当且丰富的良性刺激。

引导宝宝的自我意识可以从以下几个方面入手：

1. 视觉冲击效果好。要想办法以形象生动的事物来引起宝宝的注意，让他因感兴趣而喜欢看，因喜欢看而多看，并慢慢地让宝宝意识到那么有趣的东西是他自己看见的，以此加强自我意识。

2. 给宝宝良好的听觉刺激也很重要。大人要多跟他说话，为了引起其注意，最好配合夸张的动作和表情，也可以用各种好听的声音或优美的音乐来吸引宝宝。对声音感兴趣了，宝宝就会逐渐意识到“感受到这些美妙声音的正是我自己”。

3. 动动小手和小脚。运动的同时也是宝宝在感知，不同的方式、不同的动作，或触摸、或抓握，结果却是一样的：增强自我意识。

10 积极发展模仿能力

7~9个月的宝宝开始时会模仿各种动作或最简单的语言，到1岁以后他的观察能力增强，就会开始模仿人类的各种典型动作方式和语言。

◎ 宝宝的模仿表现

出生后7~9个月，有将近一半的婴儿已能模仿着乱画，能模仿着摇铃，能模仿成人摆手表示再见；有的宝宝已能把小方木放入茶杯中。这个时期，孩子在不经意之间就学会了很多东西，如模仿大人拍手、挥手再见和摇头等，甚至还学会了玩“虫虫飞”的游戏。在这个成长阶段，如果父母在喂宝宝东西吃的时候，反复说“啊，张嘴，张嘴”，并且作张嘴状，有的宝宝会学着说“啊——啊——”，并且会学着父母的样子张开嘴。像这样的模仿已经是动作和语言同步进行了，说明宝宝的模仿能力提高了。

模仿能力对宝宝以后的成长起着举足轻重的作用，家长要抓住时机培养孩子的模仿能力。

◎ 怎样帮助小宝宝发展模仿能力

1. 尽早给宝宝提供模仿的环境。宝宝能坐时，用童车每天带他到户外2～3个小时，接触空气、阳光。也可铺一块小毯子在草地上，放些玩具，让他在毯子上挪动身体，伸手抓玩具，自由活动，这是模仿的早期准备。

2. 要正确引导孩子模仿。孩子对周围的事物极感兴趣，什么都想模仿，而孩子的模仿能力和他的生长发育、认知能力有很大的关系，父母是孩子的直接模仿对象，一定要特别注意自己的言行。

宝宝观察力萌发

7～9个月的婴儿，对周围环境的兴趣大为提高，能注视周围更多的人和物体，随着不同的事物表现出不同的表情；会把注意力集中到他感兴趣的事物和颜色鲜艳的玩具上，并采取相应的活动；宝宝的远距离视觉开始发展，能注意远处活动的东西，如天上的飞机、飞鸟等。

7～9个月的宝宝观察力的萌发还表现为拿到东西后会反复地看看、摸摸、摇摇，表现出积极的感知倾向，这种观察不仅可以扩大宝宝的认知范围，引起快乐的情绪，而且对其语言发展也有很大的帮助。

发展宝宝的观察力

家长要利用日常生活中的各种环境及方法，来激发宝宝的观察兴趣，引导他运用各种感官去观察事物，进一步发展他的观察力。

凡是具有色彩的或处于动态的自然景物都能引起宝宝的注意，成人应该充分利用宝宝的这一兴趣特点，选择适合宝宝观看的对象，多让宝宝看，以扩大他的认知范围。家长可以经常带宝宝到大自然中去，如去街心花园看树、花草、蝴蝶、蜻蜓、飞蛾、蚂蚁等，这些都是宝宝有兴趣观看的对象。猫、狗、鸡、鸭子、小鸟等也会吸引宝宝的注意力，还可以让宝宝看下雨、刮风、树叶摇动、街上的行人和车辆。

同时，由于宝宝观察的稳定性还不强，所以要让宝宝经常变换观察的方式，不仅注重多视角观察，还要调动宝宝的多个感觉器官，让他通过眼看、耳听、鼻闻、嘴尝等多种方式观察事物、认识事物。这样，宝宝的兴奋中心会不断转移，就不会疲劳，也会逐渐形成多角度观察事物的习惯。

“天女散花”小游戏

游戏目的

用漫天飞舞的鲜艳纸花丰富宝宝的想象力。

游戏步骤

1. 准备各种颜色的皱纹纸、卫生纸。
2. 妈妈将纸撕成一条一条的，并在手里拿着几条，放在宝宝面前用嘴吹动，让纸条飘起来，吸引宝宝去模仿。

3. 妈妈示范具体动作，教孩子吹。在吹动时尽量动作夸张，让宝宝看清楚和感受到风从嘴里出来的感觉。宝宝不一定会吹但嘴唇会动起来，这对宝宝以后的发音、说话都有好处。

游戏互动

大人可以抱着宝宝，让宝宝去吹纸条，如果宝宝没有吹起来，大人要及时把纸条吹上去，然后再让宝宝玩。当五颜六色的纸片在空中飞舞的时候，妈妈可以给宝宝描述一个童话世界，或者讲天女散花的来历。

记得多赞美宝宝，让宝宝开口，如果宝宝发不出气流也要表扬宝宝，这样才会让宝宝更有自信。

温馨提示

这一时期的宝宝主要是通过眼睛、耳朵等基本的感觉器官来接受外界的各种刺激，获得各种体验，进而为脑部的发育打好基础。提供适当的感官刺激，可以促进宝宝的大脑发育。

14 已能听懂简单的语言

大人平常不断地用语言对宝宝生活的环境和接触的事物进行描述，慢慢地，宝宝就熟悉了这些声音，并开始把这些声音与当时能够感觉到的事物联系起来。因此，这个阶段，宝宝对大人发出的一些声音能作出应答，当大人说到一些常见的物品时，婴儿会用眼睛看或者用手指该物品。

听懂成人对话，对婴儿的心理发展具有重大意义，也为今后的语言发展打下了基础。因此，父母应该多和孩子说话，并注意将语言、物体和动作联系起来，通过婴儿的视觉、听觉及触觉等来帮助婴儿进一步理解语言。例如，妈妈拿一个小熊让宝宝摸一摸、抱一抱，并且慢慢地告诉宝宝："小熊！这是可爱的小熊，你认识吗？"多重复几遍，宝宝以后就知道小熊是什么了，当你要他寻找的时候，他会指给你它在哪里。

15 宝宝开始学说话

婴儿的语言学习要经过两个阶段：接受信息阶段和

表达信息阶段。

从学习口语和文字两个方面，可以划分为四个必经步骤：学听话、学说话、学认字、学写字。

7～9个月的宝宝，已经有了一定的语言接受能力和理解简单字词的能力，正处于学听话阶段，宝宝的咿呀学语和嘴里开始乱喊“爸爸”和“妈妈”是开始学说话的表现。在这个阶段，家长就可以开始教宝宝说话了，最关键的一点就是先让宝宝在听的过程中逐渐理解简单语言的意思。

每天从睁眼起，就不停地跟宝宝保持交流说话，是此时家长教宝宝说话的最好方法。此时，家长同宝宝说

话最好同时结合身体动作、表情来传达，努力让他先理解然后再学，比如妈妈说抱抱时，宝宝懂了，就张开双臂面向妈妈，表示要妈妈抱。

16 语言能力开发的三个原则

宝宝语言能力的开发是一项技术性工作，要做到以下几点：

◎ 信息量大

在家长的反复灌输下，宝宝能听到不同的发音，虽然他现在还不会开口说话，可宝宝嘴里有意识或无意识的声响正是在为说话做准备。

◎ 给予鼓励

对于宝宝发出的每一个新音节都要给予掌声与拥抱，让他知道表达是一件很开心的事，这样宝宝便会更加勇于尝试。

◎ 需要耐心

孩子对语言的理解需要成人在固定的环境下用固定的手势与固定发音进行反复刺激。因此，家长的耐心就显得尤为重要，同样的词或句子每天多次重复，有时甚至需要重复上千次。

温馨提示

每天从睁眼开始，就不停地跟宝宝保持交流对话，是此时家长教宝宝说话的最好方法。

17 打电话小游戏

◎ 游戏目的

训练宝宝的听觉，开发宝宝的语言系统。

◎ 游戏步骤

1. 妈妈和宝宝同时拿起玩具电话，拉开一定的距离。

2. 妈妈在电话里和宝宝模拟说话："喂……"然后叫宝宝的名字，问宝宝的玩具在哪里，说一些生活中常对宝宝说的话，眼睛看着宝宝，观察宝宝的反应。

3. 把电话放回电话机时，要对宝宝说再见，并教会宝宝把电话放好。

◎ 游戏互动

妈妈对着电话跟宝宝说话，会让宝宝感到不解和好奇。这时，妈妈要告诉宝宝，这是在打电话，同时鼓励宝宝对着电话听声音。等妈妈多次示范后，宝宝就会对电话产生浓厚的兴趣，因为里面可以发出声音。等到宝宝对这个游戏熟悉以后，他就会主动地拿起电话，等妈妈拿起另一个，然后高兴地听妈妈在电话里对他讲话。

温馨提示

电话是宝宝最喜欢的玩具之一，也能培养宝宝一些生活常识。宝宝虽然还不会说话，但宝宝对家长的呼唤和说话会认真地去看去听。

18 学会表达自己的感情

宝宝虽然还不会用语言表达，可是已经非常乐意和人交流了。尤其是已能用哭、闹、哼哼等方法来表示自己的不情愿、不满和抗议。

宝宝伸出胳膊让爸爸妈妈抱时，如果爸爸妈妈不抱，宝宝就会表现出很着急的样子。这在以前是看不到的。

宝宝高兴时，仰卧躺着，四肢会像舞蹈一样，有节奏地蹬来蹬去；坐着的时候，会欢快地拍手、蹬脚。如果不高兴，腿就会胡乱地猛蹬，继而可能会大声哭起来，两腿挺直，肢体抖动。没有经验的年轻父母见此状况往往会很惊慌，以为宝宝抽搐了，其实这就是小家伙在耍脾气。

19 用哭闹的方式宣泄不满

宝宝不满意时，会大哭大闹，甚至会僵直身体打挺。

宝宝躺够了，会发出“吭哧，吭哧”的声音，表示自己已经不愿意保持这种单一的生活方式；如果大人没有理会宝宝的这种抗议，宝宝会用哭声来强化这种不

满；再不理，宝宝会哭得更厉害，最后几乎是歇斯底里地喊叫着哭了。

吃饱喝足后，妈妈还非要给宝宝吃东西，宝宝也会很不高兴。这时，宝宝会僵直身体向后仰，或者会用小手推开奶瓶或妈妈的乳头，也会把塞到嘴里的奶嘴或乳头很快地吐出来，把头转到一边去。

宝宝不爱吃辅食，会用小手把勺里的饭打掉，甚至会把面前的饭碗打翻。不爱喝白开水或别的饮品时，宝宝会嘟嘟地吹泡泡玩，一点也不见水下去。这时，宝宝就是在抗议了。

镜子前的宝宝，没有了以前的不知所措，他会啪啪地拍着镜子，乐不可支。不满的时候，宝宝会用抓人的脸和鼻子来发泄，用力抓的时候，你会觉得很疼，甚至会在脸上留下红色印记。

温馨提示

宝宝宣泄自己的不满，是孩子自我意识觉醒的表现。他的哭闹多是向大家证明自己的存在，希望引起大家的关注。父母要多关注宝宝的这种心理需求，在宝宝苦恼的时候，应给予他关心和呵护。

20 躲猫猫游戏

游戏目的

训练宝宝对大人产生记忆和依赖，发展宝宝的情感智力。

游戏步骤

1. 这个游戏需要爸爸也参与进来。爸爸藏在妈妈身后，妈妈对着宝宝说："爸爸哪里去了？"

2. 宝宝开始到处搜寻，爸爸适时现身："爸爸在这里呢。"宝宝高兴得手舞足蹈，于是认识到"藏起来"

的意义。

3. 妈妈把手藏在身后，问宝宝："妈妈的手哪儿去了？"宝宝寻找得略显沮丧的时候，妈妈把手拿出来，说："妈妈的手在这里呢。"于是宝宝认识了妈妈的手。

4. 妈妈拿着宝宝的手，放到宝宝的身后，问宝宝："宝宝的手哪儿去了？"宝宝困惑的时候，再把宝宝的手拿过来，说："宝宝的手在这里。"这样，宝宝也开始认识自己的手。

◎ 游戏互动

这个游戏需要重复多做几次。当爸爸藏起来时，宝宝会很卖力地四处搜查，当爸爸突然出现时，宝宝就会很高兴。当妈妈把手藏起来时，宝宝并不会意识到这只是一个游戏，他也会卖力地搜查，当妈妈把手拿出来时，宝宝也会十分高兴。如此几次，宝宝就会明白一些因果关系，并且开始认识手。

第四章

10～12个月的宝宝

10～12个月时，大多数的宝宝已经能够自己扶着东西站起来了，发育快的宝宝甚至能无所凭借地独自站立了。当然，有的宝宝还不会站立也属正常，父母无需过虑。宝宝会走以后，安全隐患出现，这时家长一定要把家里可能伤到宝宝的物品放到孩子拿不到的地方。

扶站训练

10个月以后，家长会发现宝宝可以扶着身边的物品站立了，这时家长就可以帮宝宝一把，帮助宝宝学会站立。

宝宝10个月以后，家长可在其生活区安置小栏杆，或有意识地让宝宝多去沙发、床沿等可以凭借的物体旁边活动，这些都有利于他学习扶站。家长也可在不同的位置用有趣的玩具逗引他，鼓励他扶着栏杆迈步，在扶站的基础上帮助宝宝尝试扶走。

成人的双手对宝宝来说是最富人情味、最有力的站立凭借物。家长不妨随时把你的双手伸向你的宝宝，不仅是给予怀抱，更重要的是可训练宝宝站立。训练时要由易到难逐渐进行。

刚开始时，家长把双手放在宝宝的腋下，让他以此为支撑练习站立。要注意的是，家长的手要逐渐由腋下转到手臂，手上的劲儿也要有意识地逐渐减弱，促使宝宝腿上的力量逐渐增强。宝宝两手扶站较稳以后，家长就可以松开一只手，继而彻底抽离，只给宝宝一只手作支撑，让他一手扶站。

独站训练

家长在宝宝扶站的时候，可以用一些有趣的玩具吸引他，诱使他把那只扶东西的手也慢慢放开。可是，家长不要离他太远，以防宝宝摔跤磕碰。家长也可把宝宝放到墙边，让其背部和臀部靠墙，两足跟稍离墙，双下肢稍分开站稳，然后慢慢放手，并拍手鼓励宝宝独站。

宝宝刚学会站立时，对他来说最大的挑战就是如何从站立位转换到坐位，因而，我们发现站着的宝宝会经常陷入如此困境：在长时间站立后，精疲力竭却又无法让自己安全地坐下，于是烦躁哭闹。宝宝遇上困难，父母当然不能坐视不管，要想办法帮助宝宝坐下。

宝宝也会自己学习坐下的动作，刚开始时，宝宝会非常小心地把屁股坐在双手能碰到的地面上，经过一段时间的练习之后，宝宝就能自如地站立和坐下了。

温馨提示

脊柱三个弯曲一般要到孩子6、7岁时才固定下来，所以，从现在开始就应该保持正确的坐、立、行姿势，为以后良好体型、身姿的形成打下基础。

扶走训练

在宝宝学独站的时候，往往已经能扶着东西走了。此时，家长可以趁热打铁，对宝宝进行扶走训练。

在宝宝前方拿他喜爱的玩具逗他，让他学会挪步，移动身体；推着椅子或小推车走也是婴儿迈步行走的好方法；在平坦的地面上，家长双手分别握住宝宝的手一步步后退，让宝宝练习迈步行走，以后可用小木棍或粗绳子代替双手，逐渐强化宝宝的扶走能力。

宝宝具备了独站、扶走的能力后，就离会走路不远了。

扶走训练的4个原则：

◎ 多鼓励不责怪

宝宝平衡功能还不完善，刚开始学习走路时，总是东倒西歪，时不时地还会摔跤，有的宝宝还会用脚尖走路或者为了保持平衡走路时两腿分得很开，等到走路熟练后就会自然纠正。孩子走路时要及时加以鼓励，摔跤后也不要责怪，应多给宝宝安慰与鼓励。

◎ 创造条件

孩子有迈步走的意愿时，家长要及时指导他如何走

路，还应为他学走路创造一些条件，如准备学步车、小围栏、小推车、可推拉的玩具等，并可经常让宝宝扶着成人的手或栏杆学步。

◎ 控制时间

这时候，宝宝身体的各部分组织还十分薄弱，骨骼绝大部分由软骨构成；宝宝这时的骨质也较柔软，还谈不上坚固。因此，宝宝走路时间不要太久，否则对其发育非常不利。

◎ 不要关心过度

家长尽量不要在孩子摔跤后对他过于关心，那样不但不会让孩子坚强，反而会让孩子变得更有依赖性，更弱不经风。

04 独走训练

独走训练必须建立在扶走的基础上，为宝宝独走作准备，不妨和宝宝一起做游戏式的走路练习。

宝宝和家长面对面，让宝宝的双脚分别站在家长的双脚背上，然后家长拽着宝宝的双手，并左右交替迈开步子一步一步向后退，带动宝宝左右交替一步一步向前迈步。宝宝扶着床沿或者沙发站立的时候，家长可以在距他不远的地方用玩具吸引他，用语言去鼓励他，让他勇敢地走过来，等他快走近时再加长距离。

还可用下面的亲子训练提高宝宝走路的能力：父母面对面蹲下，伸展双手相接，形成一个长方形的安全范围，让孩子在这段距离内自己独立行走，慢慢地不断加长距离。

温馨提示

学习走路的宝宝会经常跌倒，父母应鼓励他自己爬起来，并鼓励他再来一次。另外，宝宝走路有早有晚，在训练过程中不要太强求。

05 小手更灵巧了

随着月龄的增加，宝宝的小手越来越灵活了。他能用拇指与食指捏住体积很小的物品，能推开较轻的门，能拉开小抽屉，能将杯子里的水自如地倒出来，还能两手拿着玩具自由切换着玩。

自己的手灵活了，当然就要自己动手做事情了，于是快到周岁的孩子开始对别人的帮助很不满意，有时会叫喊着表示抗议。这些都说明，孩子动作能力提高的同时独立意识也增强了。

宝宝反感大人喂饭，尽管他还不能把勺子拿得很好，可是喜欢自己吃东西，能将抓、拿、舀、夹等动作配合运用。虽然经常会把饭洒得到处都是，可宝宝乐在其中。宝宝还要试着自己穿衣服，拿起自己的衣服比划着要往身上套。而且，他拿起袜子知道往脚上穿，拿起手表知道往自己手上戴，给他香蕉他也要试着自己剥皮。

尽管这时宝宝的动手欲望很强，能力也增强了，有些事情可以省心了，可是家长对他的照顾却丝毫粗心不得。这时，家长一定要把家里的汽油、煤油、碘酒、成人药品等放在孩子拿不到的地方，以免孩子误服后发生危险。

“杯中分豆”训练手眼协调

家长可找来一些花生豆和红豆等豆子混在一起，然后准备好两个杯子。大人先给孩子做示范，用拇指和食指捏稳花生，拿到宝宝眼前让他看清楚，并告诉他“这是花生”，然后把它拿到杯口时对宝宝说：“把花生放进去！”随即把花生扔进杯里；然后，再以同样的方法和顺序把红豆放入另一个杯子里。接下来，让孩子也以同样的方法和顺序分别把花生和红豆放入两个杯子里。

这种游戏可以训练孩子“手—眼—脑”的协调配合能力，反复做这样的游戏孩子可得到多重锻炼：可练手、练脑、练观察力、练分类能力等。有一点需要家长特别注意的是：不能让孩子单独玩，一定要陪在他身边，以免孩子把豆子放到嘴里被噎住，或把豆子弄入鼻孔等。

两个游戏训练手的技巧

◎ 搭积木

父母和宝宝一起搭积木，手把手地教他将积木一块一块向上搭，练习多次后，让他自己学着搭，他能向上搭两块积木。

◎ 翻书

给宝宝一本大开本的图画书，边讲边帮助他自己翻看，然后让他自己练习独立翻书，训练他按顺序每次翻一页看。

捏小人游戏

◎ 游戏目的

既锻炼宝宝的小手，也让宝宝可以感受到无穷的乐趣，促进宝宝情绪智力的发展。

◎ 游戏步骤

1. 准备足够多的黏土或橡皮泥。
2. 妈妈示范后让宝宝去捏、搓、拍打黏土或橡皮泥，打成一个大饼或搓成一根面条。

3. 随着宝宝兴趣的提升，妈妈慢慢增加难度。将黏土捏成一个小人，让宝宝产生惊奇感。

4. 妈妈自己捏一个小人之后，开始拿着宝宝的手捏出同样的小人。

游戏互动

宝宝抓到黏土时，黏土的触感会让宝宝惊奇。有时宝宝因为好奇，会把黏土放进嘴里，大人要时刻注意阻止这种情况的发生，并反复告诫宝宝“这是不能吃的”。

如果宝宝兴趣索然，妈妈不妨多露几手，做出各种形状的泥人，把宝宝的好奇心吊得足足的，然后再握着宝宝的手一起把黏土捏成各种形状。这时，宝宝会高兴得大叫。

温馨提示

如果黏土不好，可以选择橡皮泥。颜色多样更能引起宝宝的兴趣。但要注意宝宝的安全，不要让宝宝吃掉黏土或者橡皮泥。

培养宝宝的记忆力

记忆力是思维等各种高级脑活动的基础，为了让自己的宝宝有非凡的记忆力，爸爸妈妈要在生活中随时注意培养训练孩子的记忆力。

有关研究证明，记忆力与后天的培养训练有很大关系，受到良好训练的婴儿记忆力更强。

这个月龄的宝宝，虽然已比较容易记住事物了，可是记忆仍以无意记忆、形象记忆为主，带有很大的随意性，没有目的和意图，记忆保持的时间也很短。一个10个月大的宝宝，在大人的指导下已经认识的一个东西，两个星期以后可能就忘记了。

有一些小窍门可以增强宝宝的记忆力，家长不妨尝试一下。

1. 可以采用形象生动、有声有色、颜色鲜艳分明的东西作为记忆材料来吸引宝宝，并选用宝宝感兴趣的形式来加强记忆，这样宝宝记住的东西就不会轻易忘记。

2. 多次重复想让宝宝记住的东西，并在语言中强调出来。这样，记忆会被强化。

3. 宝宝自我控制能力比较差，情绪会影响到记忆的效果，因此要选择在宝宝心情愉快的时候培养他的记忆力。

4. 宝宝一天中记忆力最好的时间是在睡觉前，这时给他讲一些故事或生活常识，学习效果更佳。

5. 游戏开发。游戏对开发儿童短暂性记忆很有效，父母可以经常与宝宝玩“躲猫猫”的游戏，可以是玩具躲猫猫，也可以玩成人与孩子相互躲猫猫的游戏。在游戏中要提示孩子关注玩具放置（或人躲藏）的不同位置。这样的游戏有利于婴幼儿短暂性记忆的发展。

另外，宝宝对外界生动的事物充满了好奇感，所以家长要知道比起室内游戏，外出活动尤其是旅游更能吸引宝宝的注意力。生动的旅途故事会给宝宝留下许多美好又难忘的回忆，能潜移默化地促进宝宝记忆力的提高。

10 认识图片和照片

生活中，我们总有这样的经验，强烈的视觉冲击能给人带来快感。婴儿也不例外，他们从小就喜欢看各种色彩鲜明、形象逼真的图片和照片，而此类的图片和照片也是教宝宝认识事物的好工具。

◎ 用图片教宝宝认识事物

宝宝的接触范围还很有限，认知能力也会因此受限，我们可以用图片来扩充宝宝的生活内容，让他认识一些眼前看不到的东西。可是，仅仅局限于看还远远不够，更重要的是让宝宝通过仔细观察进而认识它们。

图片的选择要以色彩鲜艳、形象逼真、生动准确为标准，这样的图片会吸引宝宝的注意。在宝宝感兴趣的基础上，家长教他们指认图片会收到意想不到的效果。当然还可以选择一些识图卡片或绘本来教宝宝认识事物。需要注意的是，讲解要生动、富有感染力。

每天教1～2次，每次时间不宜太长，要多反复，逐渐积累。教的时候一定要告诉他事物的正确名称，而且要先讲名称，待宝宝熟悉之后再教用途、特征等，避免宝宝将名称和用途混淆。

◎ 给宝宝看照片效果更好

一项来自美国和澳大利亚的心理学研究表明，那些有彩色插图或者有漫画风格插图的书，对大人或者大一点的儿童的吸引力和作用较大，对幼儿来说吸引力则不及实物图；有实物照片的书籍不仅能给幼儿带来很多乐趣，还能帮助他们了解世界、认识事物。

10个月～1岁的宝宝，正处于向幼儿期过渡的阶段，看照片的效果会更好，因为照片与实物关联度更大，更便于宝宝认识事物。

心理学家们发现，儿童年龄越小，就越难理解实物与图片之间的关系。如果图片中的物体与实物有出入，小宝宝很难看出两者之间的关联。

因此，我们给宝宝选择图片时，要尽量选择和实物接近的，最好是选择根据照片制成的图片。现在许多儿童书籍的出版商都会选择出版一些有照片或用照片制成图片的图书，也是基于这种考虑。

11 建立和满足宝宝的好奇心

好奇是创造力产生的源泉，能促使宝宝产生主动学习的动机，是成功的重要特质之一。那么，在日常生活中，我们如何保护和促进孩子好奇心的发展呢？方法很多，下面的这些方法适用于10个月～1岁的宝宝。

◎ 创设良好环境，满足宝宝好奇心

世界上千姿百态的事物具体地呈现在面前时，宝宝的好奇心就被激发了，他们会试着主动去探索其中

的奥秘。

这时，要多带宝宝到超市、电影院、公园等公共场所或郊外，其中的新鲜事物与花草树木、鸟兽虫鱼等自然景观有着无穷的吸引力，能有效刺激宝宝的感官，也给了宝宝探索和认识外界的机会。只要不危险，我们就要让宝宝亲自去看看、听听、闻闻、尝尝、摸摸。

◎ 在游戏中正确诱导宝宝的好奇心

让宝宝的好奇心得到最好发挥的，常常是宝宝非常规的游戏玩法。对此，大人们不要横加干涉，而应大力鼓舞。

比如，宝宝在搭积木时，往往不是像我们设想的那样准确完整地搭好房子即可，而是搭好推倒、搭好再推倒。他们这么做可能是想要了解推倒房子会出现一些什么后果，想看看自己能不能在房子倒塌后再恢复到它原来的模样。如此充满好奇心的游戏玩法和过程，可以培养宝宝敏锐的观察力和判断力。

和宝宝一同探究事物的奥秘

家长对周围事物的态度会影响到宝宝，如果不想让自己宝宝的好奇天性在无形中被压制，家长就在宝宝面前做个童心未泯的大孩子吧，和宝宝一起观察事物，一起发现问题，一起寻找解决问题的答案。

家长的参与会满足宝宝的好奇心，也会极大调动孩子探求未知的积极性，同时让这样的亲子互动更有意义。

12 重视宝宝的自我意识

快到1岁的时候，宝宝在和母亲及其他成人的交往过程中，开始注意起“自己”来，宝宝也很喜欢碰触外界的一切东西，要试图感受自己和别的东西之间的区别。他们已经不愿意只闷在家里了，有了自己的小主意之后，便要哭着喊着去外面，要感受更精彩的世界。正是这种试探，让宝宝更加意识到了自我的存在，出现了自我意识的萌芽。

◎ 探索中自我意识逐渐增强

这个阶段，宝宝已不满足于家长的安排了，他变得越来越有自己的想法，有时候还会显得有一点叛逆——让我做我偏不做，阻止我却偏要试探一下——这些正是自我意识逐渐增强的表现。

很多妈妈都遇到过这种让人头疼的情况，宝宝总是把大人给的玩具和物品扔到一边，表示对其毫无兴趣，却满含激情地找寻在他看来新奇的东西。可这些东西却是大人禁止接近的，因为它们多是易碎的、贵重的或容易对孩子造成危险的。但是宝宝的这种有点逆反的行为却屡禁不止。其实，这种自我主张正是他的自我意识。

◎ 家长应重视宝宝的自我意识的发展

自我意识是形成良好和谐个性的重要组成部分，是影响智力发展的非智力因素，对人一生的态度和行为起着重要的调和作用。

孩子的婴幼儿期是“情商”形成的关键期，10个月~1岁的宝宝正开始向幼儿期过渡，家长应重视宝宝自我意识的发展，帮助宝宝形成正确的自我概念。

这一阶段，尽管宝宝的自我意识仍处于初始状态，但要求大人重视的心理却比较强烈，父母要尽量给予满足。但是，也不能一味无原则地满足，要及时纠正孩子的错误做法并对其进行教育。这样，等到宝宝长大了，遇事就会多为别人着想。

温馨提示

心理学家指出：宝宝的自我评价有很强的依赖性，当独立活动的要求得到支持或满足时，就会表现出得意、高兴，进而出现自尊、自豪等最初的良性的自我评价的情感和态度。反之，会产生自我否定的情感和态度。

13 被动语言的发展

以是否能说话表达为界，人们把儿童的语言分为被动语言和主动语言。

关于被动语言的解释一般有两种：一种是指大人教一句才说一句的语言形式；另一种是指儿童自己还不会说话，却能听懂别人讲话，具有了一定的语言理解能力。我们这里讲的是后者。主动语言是指孩子能说话表达自己的意愿、思想，与人进行沟通。

宝宝4~6个月的时候就有了惊人的语言接受能力，能够在大家的谈话中听出自己的名字。从此以后，宝宝在与成人的交往中，被动语言发展得很快，不再只是对成人的语言音调作出反应，他们还能逐渐听懂语言的词义，能够理解大人的很多话。例如，听到成人说“再见”，他会摆手表示再见；听到“欢迎，欢迎”的声音，他也会高兴地拍手。

随着运动能力的不断加强，宝宝可以在听懂成人的指令后完成一些简单的任务。如果你对宝宝说：“乖乖，把这个香蕉皮扔到垃圾桶里！”他会接过你递上的香蕉皮，慢慢地接近垃圾桶，然后打开盖子扔进去。这

一阶段，宝宝最喜欢的就是找寻事物，听到你的话语后，找到相应的东西或人。你要是问他“爷爷在哪里”或“小熊在哪里”，宝宝会用手指指着告诉你，有时嘴里会发出一些含糊的声音。

14 促进被动语言发展须知

宝宝的语言发展是通过不断地模仿、练习获得的，而被动语言的发展来自认知能力的提高。父母不妨多给宝宝提供接触不同的人、事、物的机会，从而增加生活经验，发展宝宝的认知能力，促进语言的发展。

父母要提供一个安全环境，让宝宝去接触、去操作他所看到的东西，幼儿会借由操作他拿到的东西来获得更多的知识。

宝宝听童谣、看卡通片时，父母要当好解说员，这将有助于提高宝宝对词句的组合能力；也可选择图画简单、色彩鲜艳的图片给宝宝介绍一些简单的物件名称及动作。这对宝宝语言理解能力的提高有很大帮助。

15 有意识地喊爸妈

等宝宝长到10个月以后，喊出的爸爸妈妈已经是有意识的了，他喊的时候会看着爸爸妈妈，发音虽然不是很准，但同样会让父母欣喜若狂，在他们听来那声“爸”“妈”是世界上最美的语言。试想，一天的忙碌之后回到家里，宝贝冲着你高兴地笑笑，然后喊出“爸爸”“妈妈”，如此情景之下，哪一个父母会不开心？

◎ 那声爸妈背后的进步

细心的父母一定会发现，宝宝喊自己的时候，往往是有意图的。例如，喊的时候，眼睛巴巴地望着你，并且把双臂伸得很长，意思就是想要让你抱抱他；嘴里一个劲地喊着妈妈还拉着哭腔，那往往是说自己饿了；看到妈妈手里拿来好吃的就喊妈，当然是告诉老妈："快点喂我吧！"

一声简单的"爸爸""妈妈"已经包含了宝宝许多的意愿，这说明宝宝已经不满足于被动语言了，他要开始尝试主动语言。所以，宝宝能有意识地喊爸爸妈妈，是一个标志性的进步。

爸爸妈妈要做些什么

在孩子语言发展有了进步之后，父母在开心欣慰之余，有没有想过怎么做才能更好地促进孩子语言的健康发展呢？

词汇是孩子自我表达的基础，只有尽可能多地积累词汇，孩子以后的语言表达才会更准确、更流畅。为此，父母要善于用丰富的语言对孩子说话，要尽可能多地给他讲述他所看到的、听到的、触摸到的、感受到的一切，以此来拓展孩子的词汇量。

给孩子一个美好的语言环境很重要。同一个意思，可以有很多种表达方法，语言不仅是运用词汇的能力，也反映了一个人的表达习惯，甚至个性特点。所以，父母在生活中要避免使用消极的词汇，如"笨""不行”“不好”“不能”等，要多用积极乐观的词汇。否则，这不仅会增大孩子语言中消极词汇出现的概率，也会影响其人格的健康发展。

孩子是一个非常好的倾听者，也是一个不折不扣的偷听者。1岁之内的宝宝虽然还不太会说话，但语言理解和模仿能力已经发展得很快，他们非常留意周围人的话，尤其是反复出现的那些话。所以，做父母的说话时，一定不可以忽视身边那个小听众，要特别注意自己的语言修养，要多用正面的、积极的、文明的语言，多使用对孩子有激励作用的、使他们上进的美好语言。这不仅关系到宝宝语言能力的培养，更关系到宝宝优秀人格的培养。

16 铃铛小游戏

◎ 游戏目的

让宝宝体验明、暗，同时锻炼宝宝的语言能力。

◎ 游戏步骤

1. 在一块大大的彩色花布上钉上小铃铛。
2. 让宝宝站在中间，几个大人从四周拉起花布，让布扬起像一个大的房顶，然后一起将布盖下，盖住宝宝。

3. 布的起伏发出叮叮当当的声音。布的起伏可以呈现一明一暗。拉起布时告诉宝宝天亮了，门和窗打开了，宝宝要起床了。布盖下来时告诉宝宝天黑了，什么也看不见了，宝宝要睡觉了。

4. 把布放在地上，让宝宝去找铃铛。

◎游戏互动

宝宝先是听到叮叮当当的声音，然后就看到天黑了。宝宝这个时候知道是你在跟他做游戏，所以他会很期待下一步的进行。这时随着叮叮当当的声音，天亮了，宝宝重新看到大人，会高兴得大笑，并且会期望继续这个游戏。

温馨提示

要时刻关注宝宝的情绪，有的宝宝会在布盖下来时就哭了，这个时候大人要立即把布掀起，然后对宝宝笑，鼓励宝宝勇敢。

17 不同个性的宝宝需区别对待

生活中，我们经常会发现，孩子会呈现出不同的个性。面对一件自己喜爱的玩具或食物，有的宝宝会“自私”地拒绝与别人分享，显得很霸道，甚至别人碰一下都会哭闹；有的宝宝却会很高兴地把东西递给其他小朋友或身边的成人。

同样月龄的宝宝，有的看到陌生人或到了陌生环境都不会拘束害怕，而有的一遇到陌生人就会因恐惧而啼哭。同样友好的戏逗，有的宝宝会微笑或大笑，有的宝宝则不理不睬、面无表情。

同样的环境里，有的宝宝大喊大叫，有的宝宝则安静沉稳……

宝宝显示出的个性倾向并不是固定不变的，因此，如何引导宝宝形成积极健康的个性，是父母们需要好好学习反省的。

不同的个性表现要区别对待。好的行为要多加表扬，鼓励其继续保持并发扬；而不好的行为则要表示明确的不满和反对。但要注意的是，家长也要在一定程度上尊重宝宝的意愿，不要强迫宝宝。

18 宝宝有了小主意

有时候宝宝发脾气，或哭闹或打人，其实是在试探大人对他的态度。如果他觉得以这样的方式可以制伏大人，进而满足他的需求，那么他会认定这才是实现目的的最好手段，以后在关键时刻就会使出这个杀手锏。

可是，有的宝宝想自己走、自己穿衣服而拒绝大人的帮助，也许是宝宝正期盼着父母的一句表扬，他的大喊大叫也许只是要引起大人们的注意。

所以，家长一定要细心揣摩孩子的内心，根据孩子不同的想法，有时要告诉宝宝无理要求不能满足，有时又要对宝宝多加关注，多加鼓励。

19 做宝宝的好榜样

10个月~1岁的宝宝，模仿能力很强，身边的父母及其他亲人的一言一行都是他模仿的重要对象。所以，为了使孩子形成良好的个性，家长一定要给宝宝树立一个良好的榜样。

在生活中，父母要以积极健康、乐观向上的态度影响自己的宝宝，在孩子面前要注意自己的言行举止。言谈要文明，不可动辄歇斯底里，更不可恶语伤人。

温馨提示

宝宝的情绪还不稳定，易激动、易变化，他们显现出来的个性特征还未固定，常受外界环境及周围人的影响，而良好的榜样、和睦的家庭气氛是形成婴儿良好个性的重要条件。

20 照顾娃娃小游戏

◎ 游戏目的

培养宝宝的爱心，提高其模仿能力。

◎ 游戏步骤

1. 给宝宝准备一个娃娃玩具。用一张小板凳当作娃娃的床，让宝宝把娃娃放到“小床上”，然后用毛巾盖上，拍它睡觉。

2. 过不久妈妈提醒道：“娃娃饿了要吃奶啦。”

就给宝宝拿个小瓶子代替奶瓶，让宝宝把娃娃抱起来喂奶。如果有小勺和小碗，就让宝宝喂娃娃吃饭，还可以拿个罐子当便盆让宝宝给娃娃把尿。

3. 当宝宝生气虐待娃娃，把它扔到地上，或者用脚把它踢开时，妈妈要故作严肃地说："娃娃摔倒了，快把它扶起来！看哪儿摔破了，给它包上！不能用脚踢娃娃！"用严厉的态度制止宝宝的不文明行为。

游戏互动

宝宝对娃娃非常感兴趣，大人要不断地提醒宝宝应该怎样对待娃娃。宝宝慢慢学会照顾娃娃了，大人要表扬宝宝。如果宝宝虐待娃娃，大人要表现出很生气的样子。通过大人的态度变化，让宝宝学会如何好好照顾娃娃，培养宝宝对玩具娃娃乃至他人的爱心。

温馨提示

宝宝平时看到妈妈如何照料自己，就会模仿妈妈的做法去照料娃娃。所以说，妈妈平时的行为具有很强的示范效应。

第五章

1～1.5岁的宝宝

宝宝一过周岁，就告别了婴儿期，进入了幼儿期。而1岁到1岁半的幼儿，正处于迅速成长的阶段。宝宝从稳步走到迈步跑，筋骨渐强；主意越来越多，也越来越缠人；在强烈的社交欲望和怯生生的试探中，思维开始萌芽……这种种进步，都倾注了家人太多的关爱和支持。

01 运动中的步态

1岁3个月的宝宝，不再满足于简单的行走，大多已经在快步走的基础上学会了跑。跑的动作让他们的下肢力量更强壮，身体平衡性、灵活性更好。

当然，现在宝宝跑得还不够稳健，总是跌跌撞撞的。家长可以让宝宝在游戏中训练跑步。比如，家长要求宝宝在有限的时间内，找一个玩具给妈妈，或让宝宝摸到慢慢走动的妈妈。这样的游戏可以训练宝宝按要求向指定方向跑的能力，提升动作的灵活性和协调能力，也可增强孩子的观察能力和反应能力。

此时，观察宝宝的步态很重要。

绝大多数的宝宝，在1～1.5岁时已能独立行走和跑动。如果宝宝此阶段还不能站立，或行走异常，那很有可能隐藏着某种疾患。家长要随时留意自己宝宝的步态变化，以便及时发现病情，为早期诊治创造有利的条件。

若宝宝走路时脚呈八字状，那么问题可能出在腿上。X型腿的宝宝爱夹着大腿走，O型腿的宝宝走路像骑马，这样的步态一般是因为缺乏肌肉负重锻炼造成的，锻炼一段时间就能调整过来。可如果一直没有改善，就有可能是由于缺钙和缺维生素等所造成的，需要治疗。

此外，宝宝还会呈现出剪刀步和鸭子步等异常步态，它们的共同点是跌撞、不稳、行走缓慢。初学步的宝宝都会不同程度地表现出

温馨提示

宝宝在学习走路时，踮脚尖走路的行为很让父母担忧。父母可以观察宝宝踮脚尖走路的频率来判断是否为异常现象。若宝宝有时用踮脚尖的方式走路，有时又会恢复正常状态，那就可以放心，因为幼儿在3岁之后运动协调能力才能发展成熟。

这样的步态，如果宝宝 2 岁后还是没有改进，那就一定要带他去医院检查，这可能是由于缺乏维生素D而引起的，也可能是骨架结构的问题，还可能是小脑疾病影响到了平衡。

02 爬楼梯训练

1～1.5岁这个阶段，大多数宝宝已经由独自站立开始独自行走了，有了很强的独立性和主动性，这时可以有意识地对宝宝进行爬楼梯的训练，来锻炼他们的腿部肌肉，为以后的跑跳打下良好的基础。

◎ 爬楼梯的好处

让宝宝进行爬楼梯练习有很多好处，不仅可以让宝宝的髋关节活动幅度增大，也可以让他下肢肌肉的韧带、肌腱的弹性得到锻炼，从而达到强筋健骨的效果。

此外，还可以增强宝宝的心肺功能，使血液循环畅通，保持心血管系统健康；有助于宝宝保持骨关节的灵活；让宝宝在消耗体力后容易饥饿，食欲变好，消化系统功能增强；能让宝宝的神经系统处于最佳休息状态，有利于睡眠，避免焦虑。

◎ 怎样进行爬楼梯训练

训练爬楼梯有一个重要的前提就是宝宝必须具备独立行走的能力，走得多了，走得稳了，才能为爬楼梯训练做好基础准备。此训练一般从15个月左右开始，训练要循序渐进。

1～1.5岁，尤其是刚过周岁不久的宝宝，身体的平衡性较差，刚开始的时候，家长要拉着宝宝的手练习爬楼梯。

这时，他跨脚很费力，身体会左右摇晃，大人可在前面用双手拉着他向上爬，也可在他身后双手扶在腋下帮他两脚交替迈上楼梯。不管是哪种方式，家长都要给他较大的助力。

随着训练次数和宝宝月龄的增加，大人的助力就要逐渐减少了，让宝宝学会用自己的力量爬上楼梯；之后，大人可以放开手，教给宝宝借助扶手和栏杆爬楼梯，也可以让他借助自己的一只手为支撑来上楼；最后宝宝就可以过渡到完全脱开凭借物自己爬楼梯了。

这时，家长可以把宝宝喜欢的玩具或食物放到楼梯上吸引他，或喊着他的名字鼓励他爬上来。这样训练下去，宝宝在快满两周岁时，就可以自己上下楼梯了，而且还不容易摔倒。

运动中的安全保护

宝宝能走会跑了，可能遇上的危险也更多了，父母一定要给宝宝一个安全的活动空间。

1. 家长要帮孩子清除运动场地的障碍物，一些容易磕碰孩子的东西要移到别处。

2. 让宝宝穿上防滑的鞋袜，以防跌倒。

3. 宝宝运动要讲科学，量力而行，循序渐进，不可鲁莽蛮干。

4. 这个年龄段的宝宝，骨骼还很软、很脆弱，体力也弱，经不起大的热量消耗，所以运动时间一定不能长了。

5. 运动结束后，要给宝宝补充能量，出汗后要多喝水。

6. 家中有尖锐棱角的家具可以用东西遮挡起来。

手指更灵活

在宝宝的腿脚能力提升的同时，1岁之后宝宝的手也较之前更为灵活，精细动作不断加强。这样大的进步让父母意识到，自己的宝宝真的长大了！

◎ 宝宝的小手很能干

1～1.5岁这段时间，宝宝小手的动作能力更是让我们刮目相看，他们可以用自己的双手完成以下的事情：串珠子；捡豆子；把图画书翻到自己喜欢看的那一页，看完后还会合上；把小皮球在屋里扔来扔去；笨手笨脚地用汤匙吃东西，用小杯子喝水或牛奶；玩沙子时会用铁铲挖沙放进桶里，也会把水舀到桶里；喜欢用笔捅纸或在纸上画上自己认为好看的图画；搭积木的个数可以增加到4～5个……总之，进步的表现多得有点数不过来。

◎ 让宝宝开始用杯子

随着宝宝的小手逐渐灵活、力量不断增强，家长就可以让孩子使用水杯喝水或喝牛奶了。让宝宝使用水杯的益处有很多：

1. 水杯的使用对1岁以后幼儿的身体发育，以及认知能力的提高有促进作用。

2. 水杯的使用可避免产生因长期频繁使用奶瓶而可能导致的龋齿。

3. 水杯的使用给了宝宝更多说话的机会。

玩玩小瓶盖

家长可以把家里带盖的塑料小瓶找来让孩子玩。家长先将瓶盖拧下来，再盖上，并告诉宝宝这是那个瓶子的盖子。几次之后，将瓶子与盖子递给孩子，孩子也会尝试着去盖瓶盖，甚至要把瓶盖拧上去。

这样的游戏不仅锻炼了孩子小手的动作，也让孩子通过瓶盖与瓶子的关系更好地理解了事物之间的关系。

温馨提示

科学研究证明：正处于大脑快速成长期的儿童，长期坚持做手指运动能有效地促进其大脑与手指间的信息传递，均衡左右脑的发育，有助于开发孩子大脑的潜能，对视觉、听觉、触觉、语言等功能的发展也有着极大的促进作用。

认知能力进一步提高

随着月龄的增长，宝宝对事物以及事物之间的关系有了初步认识，认知能力进一步提高。

认识了物体的特性。这时，宝宝的各种感官已经能与思维相互配合。这种配合让宝宝不但认识了物体的外观，知道它叫什么，作用是什么，还使宝宝逐渐开始探知物体的本质。比如能够区分不同的物质，知道玻璃摔到地上会碎，而木头摔到地上不会碎。慢慢地，宝宝就开始动脑筋，学会思考，发现新的问题。

有了初步的概括能力。宝宝通过触、视觉等在头脑中形成对某一事物的认识，有了一定的概括能力。可是，他们只是根据事物的颜色、形状、大小等外部特征加以分类，是最简单的思维概括，还不能概括出事物的本质特征，因而他们常常会出现类似把番茄当成苹果的笑话。

明白事物之间简单的关系。随着动作能力的发展，宝宝能用不同的物体进行多种活动，并且逐步掌握各种物体的功能和用途，这些能帮助宝宝逐步理解周围事物之间的关系，如能自己试着剥香蕉来吃，看见白大褂就会说："打针针！"宝宝不但会把鞋子放在一起，还知道鞋垫是放在鞋子里的，袜子、鞋子和鞋垫关系密切。

理解了物品的归属。到了 1 岁 5 个月左右，宝宝因认识到常见事物之间的关系，开始理解物品的归属，并能够用语言表达出来。

比如，看到妈妈的鞋和自己的帽子时，会说出"妈妈鞋"和"宝宝帽"；也知道碗、勺子和水壶是厨房里的物品，它们都属于餐具。

此外，宝宝对诸如上下、内外、前后等空间概念也有了初步的理解。

帮助宝宝认识自我

1~1.5岁的宝宝，简单的表达中已经有了自己的名字，随意的活动中有了自己的主张和主意。种种表现可以看出，此时的宝宝尽管还不能运用人称代词“我”，却已经很关注自己了，自我意识在一点点增强。

自我意识觉醒，是宝宝心理发展必然要出现的现象，标志着宝宝的心理逐渐走向了成熟。父母在宝宝的自我意识出现之后，应该为宝宝的成长和进步高兴。

可是与此同时，如何让宝宝认识自己从而形成正确的自我意识呢？这个问题已经摆在父母们面前，需要思考应对。

宝宝的自我意识，对自己的认识，主要来自于环境的反馈。所以大人要用多种方式有意识地促使孩子认识自己，意识到自己在长大，自己越来越强了，越来越棒了。

父母要帮宝宝认识到世界上只有一个“我”，这个“我”是与众不同的，有只属于自己的模样和名字，能用自己的双手吃饭、玩耍，能用自己的双脚站立、走路、奔跑，能用自己的嘴巴吃到好吃的并喊出爸爸妈妈……

为了让你的宝宝更好地认识自己，能意识到自己的身心在不断进步，家长们不妨参考下面的做法。

1. 带宝宝多到镜子前照一照，看看自己的五官长得怎么样、身材如何。

2. 在一个固定地方定期给孩子测量身高，每次量完都要做好标记并让宝宝知道比上一次的标记高了，还要提醒他“宝宝又长高了，都到这儿了”。

3. 把宝宝的各种声音录下来，隔一段时间放给他听，宝宝会好奇地倾听，当家长告诉他那是宝宝自己的声音时，他会异常兴奋。

4. 拿出宝宝以前各个阶段的照片给他看，做他最好的解说员，告诉他那些照片是他什么时候照的，宝宝在对比中就会意识到自己长大了。

5. 要把宝宝的成长带给你的惊喜告诉宝宝：“宝宝，你爬得更快了！”“宝宝你真棒！不用扶也能走

温馨提示

宝宝对自己的变化往往是懵然不觉的。家长很有必要把自己对宝宝的关注渗透给宝宝，使他也能意识到自己的成长与进步，从而形成良好的自我感觉，以利于宝宝萌发出自尊与自信。

了！”“瞧，这件衣服小了，宝宝长大了！”这些语言的赞扬会让宝宝对自身的变化留下深刻的印象。

07 从独自游戏到集体游戏

1～1.5岁的宝宝，各器官协调性增强，运动能力快速发展，对事物充满好奇。他正处于吸收性思维和各种感知觉发展的敏感期。

游戏对他们来说显得更加重要，是他们最喜欢、最感兴趣的活动形式。

1岁左右，宝宝的游戏还处于自娱自乐的“独自游戏阶段”，他们还像以前一样只是自己一个人玩，主要的游戏形式是“感觉游戏”。

快到1.5岁时，随着年龄的增长，生活范围的不断扩大，宝宝的游戏也会渐渐从最初的“独自游戏”阶段过渡到“集体游戏”阶段。

集体游戏就是两个或几个宝宝一起玩，已有独自游戏经验的宝宝在集体中仍有积极主动的游戏能力。集体游戏主要有三类，即“平行游戏”“模仿游戏”和“创造性游戏”，它们分别与不同的年龄相联系，宝宝这时还只能玩“平行游戏”。

在集体游戏中，宝宝看上去是在和别的小朋友一起玩耍，实际上却是各玩各的，相互之间没有交流和协作。这种“平行游戏”可以让宝宝逐渐摆脱对父母的依赖，从而在集体游戏中找到乐趣。

08 玩具的选择

给宝宝选择游戏玩具，要了解相应年龄段的宝宝在动作、语言、适应性行为（即认识事物的能力）、与人交往等方面的水平。家长可根据1～1.5岁宝宝的特点给他们选择合适的玩具。

选择促进动作发展的玩具。

在这个年龄段，球是给宝宝的最好玩具，家长可以和宝宝玩扔球、捡球、滚球的游戏，也可以让宝宝和小朋友一起玩球，这样能促进孩了们行走、跑、滚、投、弯腰捡拾等基本动作的发展。

套叠玩具、敲打玩具、穿绳玩具等也是不错的选择，能让宝宝上下肢肌肉得到锻炼，动作更加灵活协调，也可锻炼宝宝的观察力和注意力。

选择促进语言和认知发展的玩具。

如会说话的娃娃、各种毛绒或塑料小动物，让宝宝知道它们的名字以及各部位的名称，模仿它们的声音，甚至习性，比如老虎很勇猛，会吃小动物，小兔子很乖，猫咪会捉老鼠等。

温馨提示

玩具可在家中就地取材，游戏可以即兴创造。一只不锈钢小盆可以当小鼓来敲；一叠纸能折出好多玩具，如纸飞机、纸青蛙等给宝宝玩。总之，游戏的内容要尽量简单，要符合这个年龄段宝宝的理解水平。

语言能力越来越好

1岁1个月的宝宝，说话还只是一个字一个字地往外蹦，如看到好吃的东西，宝宝会说："要！要！"虽然这是再简单不过的语言，但这已经是宝宝在表达自己的意愿了，这说明宝宝的主动语言能力在发展。

到了1岁2个月，家长会在不经意之间发现，自己的宝贝居然会用自己的名字了，而且常把它挂在嘴边。这说明宝宝已将名字的认识和自我发展紧密地联系在一起了。

1岁3个月以后，宝宝会更加活跃地和周围的亲人说话。尽管他们的词汇量还很少，可他们已经懂得用一个词和一个声音，配合一个姿势、一个表情让大人们明白他的意思了。例如，宝宝把两个胳膊举起来，并仰头望着妈妈，眼里充满着期待，即使不需要语言，妈妈也会明白他在说："妈妈，抱抱我吧！"

1岁4个月的宝宝，基本上能理解10～100个词汇，有的甚至能理解近200个词汇，但常常不能准确发音。常把姥姥叫成"袄袄"，把"东东"说成"公公"等。但是，宝宝已经能使用比较复杂的词汇来表达自己的愿望了。当他想喝牛奶的时候，会冲着妈妈说“牛奶”而不是像以前那样说成“奶奶”了。

1岁5个月~1岁半的宝宝，已经会说很多个两个字的单词，甚至可以把几个字词组成句子来表达自己的愿望了。饿了的时候他们会说：“妈妈，我要吃饭！”渴了他们会说：“宝宝要喝水！”语言能力的增强，让宝宝更加喜欢交流。

一些说话晚的宝宝此时或许会爆发性说话，一开口就能说出一个句子，这往往会让父母兴奋异常，以前的担忧一扫而空。

10 语言发育上的性别差异

男孩和女孩之间，在语言理解中枢、对事物的认识以及思考能力上并没有多大差异，但男孩和女孩在语言发育方面的差异却存在普遍性。

一般情况下，女孩的语言表达中枢要比男孩成熟得更早，所以女孩说话往往要比男孩早，而且表达也比同龄男孩子流畅得多。

很多女孩1岁以后就会说话了，而男孩有很多要到2

岁时才开始表达；1岁5个月的女孩，40%以上都能把词组合成简短的句子并说出来；而男孩，可能只有20%拥有这个能力。可是，随着现代科学早教理念逐步进入每一个家庭，这种差异也越来越小。

11 不要打扰正在倾听的宝宝

1岁以后，随着理解能力和表达意愿的增强，宝宝对周围的对话越来越感兴趣，当听到有人在交谈时，他会兴致勃勃地抬头，凝视，做洗耳恭听状。

此时，他最不愿意别人来打扰他。如果有人不识趣地问“宝宝你听懂了吗？”则会让宝宝感到尴尬或害羞。

既然宝宝喜欢倾听，家长何不为其创造好的倾听环境呢？

闲暇时间，家长不妨给宝宝讲有趣的故事，背诵好听的童谣，来满足宝宝倾听的欲望；当宝宝聚精会神地听父母对话时，父母尽量用简单、准确、清晰的语言表达，让宝宝在此过程中更好地学习语言。

12 语言学习的注意事项

1 岁以后，宝宝学语言的关键时期到了，在此期间，父母应该注意做到：

1. 尽可能地用最简单的语句和宝宝说话，力求简短，表达准确，少用虚词和复合句。

2. 不必纠正宝宝的语法错误，对宝宝说的话，要采取肯定的态度，尽管有时不知道宝宝在说什么，也不要表现出来。

3. 认真倾听宝宝说的话，眼睛看着他，并给予积极的回应。

4. 不要打断宝宝的自言自语。自言自语是宝宝语言发展的一个阶段，它说明宝宝的内在语言开始萌芽，开始向着思维方向发展，会用内在语言指导自己的行为。

5. 家长说话嗓音要洪亮，声调抑扬顿挫，最好做到声情并茂，以便宝宝能够更好地学习，并感受到语言的感染力。

保护宝宝的探索欲

1岁以后，宝宝的认知能力有了很大进步，对这个世界越来越好奇，甚至伴随思维的萌芽开始了自己的思考。于是生活中宝宝的探索欲越来越强了，也往往因此比以前更加捣乱了！

让妈妈头疼的事情每天都在发生：把抽屉里的玩具拿出来扔在地上，把妈妈的漂亮衣服从衣柜里拽出来，有时甚至在你不留神的时候他手里居然拿着一只碗……简直就是一个小小搬运工。

宝宝还会故意把水倒在地上，观察它留下的印迹；还会把家长手里的书夺过来，刚开始还饶有兴趣地翻看着，新鲜劲儿一过就会撕扯书页，不知道是想要看看纸张质地如何，还是要弄清楚书是如何装订成册的……简直就是一个十足的破坏者。

宝宝开始尝试着以攀爬的方式来探求上面的东西以及空间，也对窗外的大自然有了很强的探索欲。

在对外界的探索中，宝宝更广泛、更全面地接触和认识事物，在接触和认识中，他们提高了自己的智力，训练了自己运用物体的技能，向更高的发展阶段快步迈进。

因此，家长要给宝宝一定的自由，允许他大胆地探索。反之，如果对孩子的探索欲加以限制或训斥，不仅会打压他探索世界的热情，而且很容易让宝宝失去自信。

14 在安全中探索世界

孩子是父母的心头肉，很多家长因为担心孩子的安全，往往以爱的名义把孩子的探索欲扼杀在摇篮之中。

探索的过程，其实也意味着一点点冒险，难免有磕磕碰碰什么的，家长正是担心危险就把孩子限制在一定的空间里，阻止他做这，阻止他做那，甚至还让他远离大自然，远离小伙伴，恨不得把他放进温室。

殊不知，这种过度保护的爱只会让自己的孩子更加胆小、怯懦……当然，家长也应该为孩子提供一个相对安全的探索环境，但也要尽可能放手让孩子去探索。

将孩子身边危险的东西及时清理掉。药品及有毒物品和剪刀、钉子、剃须刀片、别针之类的危险物品，要放置在孩子不能触及的地方，该清理的及时扔掉。体积小的玩具只有在成人陪护下才可以给孩子玩，以免孩子放进嘴里发生意外。

给孩子足够的安全警示。那些容易伤到孩子却无法移动的东西，要告诉宝宝那是危险的，比如不要让宝宝靠近电暖气等一些电器。

带孩子外出游玩或购物时，一定要让宝宝在你的视线范围内安全的地方玩。有的孩子觉得电梯很神奇，就会去摸，这是有危险的。类似这样的危险有很多，家长必须注意孩子的安全问题。

分水果游戏

◎ 游戏目的

认识各种不同的水果，让宝宝养成分东西的好习惯。

◎ 游戏步骤

1. 晚饭后开个水果晚会。妈妈端上一盘水果，让宝宝说说盘子里都装了些什么，大苹果是什么颜色，橘子是什么颜色，梨是什么颜色，香蕉是什么颜色……

2. 让宝宝把梨送给爸爸，把苹果送给妈妈，把橘子送给奶奶，把香蕉送给爷爷。

3. 宝宝做对了，就要表扬宝宝。如果宝宝做错了，大人要告诉宝宝正确的做法，然后给宝宝鼓励。

◎ 游戏互动

宝宝看到水果以后，他会非常想吃。但是妈妈告诉宝宝必须要先说出水果的名称，并且分给大人后才能吃。然后耐心地教导宝宝。这样宝宝才会按大人所说的去分水果。

睡眠习惯养成游戏

游戏目的

培养宝宝关心他人的习惯，让宝宝知道睡觉要安静、要盖好被子。

游戏步骤

1. 先让宝宝抱着动物玩具，一边摇一边唱睡前儿歌。

2. 让宝宝不要大声吵，保持安静，反复几次后，让宝宝轻轻地放好动物玩具，并用小毛巾盖好动物玩具。

3. 大人把手指放在嘴上，表示要安静下来，然后带宝宝一起轻轻地走开，让动物玩具安静地睡觉。

游戏互动

宝宝哄动物玩具睡觉时，妈妈要营造出一种安静的气氛。宝宝也会感受到睡觉前的安静。然后妈妈唱儿歌，可以让宝宝跟着学。妈妈要记得把动物玩具的被子盖好，让宝宝从中学习睡觉应有的习惯。

宝宝进入依恋期了

民间有句俗话叫“一岁不跟，二岁不离”，很形象地说出了随着宝宝逐渐长大，依赖情结反而会更趋严重。在生活中，宝宝确实有这样的特点。

心理专家认为，几乎所有的正常婴幼儿都会有“依恋情结”。“依恋情结”不但无害，还有助于他们的生理、心理健康发展。心理学家还认为，无论是“恋人”还是恋物，依恋关系的产生都是孩子内在心理需求的表现，宝宝依恋母亲或身边某一物品都是为了获得满足感和安全感。特别是当孩子受到惊吓、感到委屈或需要被关心时，母亲或其他亲近者就是他可以寻求安慰和保护的最好“庇护所”，他们喜欢的某一件东西也或许能给他的心理带来莫大的安慰。

温柔对待宝宝的依恋

当宝宝承受生理上的痛苦、感情上的悲伤时，能有自己深爱的亲人或玩具在身边，是一种最好的心理治疗，有助于提升宝宝遇到挫折时的自我适应能力。

因此，宝宝对物、对人的迷恋程度，只要不影响到宝宝正常的生活作息，不是要求必须24小时寸步不离，正常的依恋行为并不会影响到宝宝人格的正常发展，家长们无须过度担心。

这种依赖随着宝宝独立性的增强、语言表达能力的日趋成熟会逐渐消失，一般情况下会在宝宝3岁左右消失。

家长也可以在尊重宝宝的前提下，帮助宝宝戒除依恋情结。

可以采取的方法概括起来就是：对依恋人的宝宝，要让他一点一点地远离此人，提供独立的活动空间让宝宝玩，减少宝宝对依恋人的依恋；对依恋物的宝宝可以用讲故事等有趣的形式让宝宝获得愉快感受，从而转移对依恋物的注意力。

若采取粗暴的方式否定宝宝的依恋物，会让宝宝遭受严重的挫败，产生强迫分离和背叛感，使心理受到伤害，并留下不可磨灭的阴影，这对宝宝以后的成长非常不利。

孩子眷恋与他朝夕相处的人或物是正常现象，家长千万不要以强硬的态度和方式让小宝宝觉得他的举止是不对的，因为在他向“独立”阶段过渡时，正是这种依赖对象给他提供了一种可以依靠的安全感，起到了“拐杖”的作用。

温馨提示

家长可以多带宝宝到外面去玩，多接触一些小伙伴和一些新鲜事物，以减轻宝宝的依恋。

19 帮助宝宝“练胆”

生活中，我们经常会看到这样一种情形，家中来了客人，父母让宝宝向客人问好，宝宝躲到父母身后不吭声，或吓得直往父母怀里钻，甚至还吓得大哭起来。这样的宝宝往往不喜欢面对新事情的发生，不喜欢团体聚会，不喜欢和新认识的人讲话，不愿意和别人交往。

有些宝宝比较害羞、内向，不善于和同龄小朋友打交道，那么如何让他们胆子大起来、乐于与人交往呢？

首先，要给宝宝创造足够多的交往机会。家长要带宝宝多参加一些聚会，让他感受到和大家在一起交往的

快乐；也可以请同龄的小朋友到家中和宝宝玩，在熟悉的环境中宝宝会喜欢与小朋友交往；听到门铃，鼓励宝宝帮忙开门；等等。

其次，帮宝宝建立足够的自信。参加了很多次交往，宝宝仍害羞、胆小，那可能就是宝宝不够自信引起的。家长应多鼓励宝宝展示自己，并要在场的人给予及时的肯定和表扬：“宝宝真能干，能为我们做事情了。”或者说：“宝宝的舞跳得真棒啊！”

有一点要切记，不要在大庭广众之下给宝宝贴“害羞、胆小”的标签，那样只会让他更胆小。

家人的交往方式会影响到宝宝

宝宝是否愿意与人交往，还在于家庭的教养方式和家庭环境的影响，父母有必要以身作则做好宝宝的榜样。

◎ 良好的亲子关系是宝宝乐于交往的重要前提

父母对宝宝关注、照料、积极回应，会让宝宝认为这个世界是安全、可以信赖的，于是喜欢与人相处、与人打交道；反之，父母对宝宝冷淡、迟钝、忽视、拒绝，会让宝宝认为这个世界是不可信任、不好把握的，也就更不愿意参与人际交往了。

◎ 家庭成员的个性和交往方式会影响宝宝

宝宝总是在模仿中学习，父母比较内向或冷淡，不乐于与人交往，宝宝受其影响也会不爱社交。其他家庭成员之间的交往也会影响宝宝，所以应该形成有商有量、互相尊重的家庭氛围，要避免当着宝宝的面发生争执，否则会让宝宝在不知不觉中学到一些负面的交往方式，如恶语攻击对方、动手攻击等。

◎ 父母应有意识地表现出良好的交往方式

有宝宝在身边时，父母应更多一份自律，给宝宝最好的影响。父母要热情友好地和邻居、朋友打招呼；上公交车时主动排队，不推搡别人；能够接受别人的道歉，而不是盛气凌人，甚至口出恶言；经常说一些诸如“请、谢谢、对不起”等礼貌用语；在宝宝面前和大家分享美食……这些良好的交往方式会在不知不觉中影响到你的孩子。

温馨提示

宝宝的人际交往能力，最初是从照顾自己的父母身上学到的。而且，爸爸妈妈与宝宝交往，会具有各自不同的特点，宝宝从他们身上也会学到不同的人际交往方式：妈妈的细致、温柔，爸爸的活泼、勇敢。

第六章

1.5～2岁的宝宝

时间过得真快，仿佛眨眼之间，宝宝已经快2岁了。1.5～2岁的宝宝，体格生长速度较前有所减慢，可是，其他方面均在巩固成果的基础上又有所提高：神经系统发育逐渐完善，大动作和精细动作的能力发展较快，手的操作能力明显提高，语言理解能力和表达能力都有很大进步……

01 选择适宜的动作训练

1.5～2岁的宝宝，神经系统发育还不够完善，姿势控制能力及视觉感觉能力还较差，所以他们的动作仍不够准确、灵活和熟练。

家长应该给宝宝做一些适宜的训练，来促进小儿动作逐步完善。

家长可让宝宝和你一起玩游戏或做事，在不知不觉中，宝宝的动作就会熟练灵活起来。

比如：和宝宝玩一些需要向后退步走的游戏，让他练习倒退着走；给他一些可以推或拉的玩具，鼓励他掌握更多的动作；用柔软的球和他踢足球，鼓励他把球踢出去；和宝宝一起伴着快乐节奏跳舞；等等。这些日常训练能锻炼宝宝的臀部和膝部肌肉，能让他的许多动作做得更好，并避免其摔跤后受伤。

手的动作方面，可训练宝宝抛球和小沙袋，教他学会正确握笔、折纸、穿木珠等。也可让他参加一些简单的劳动，如帮大人拿递东西，穿脱鞋袜，拿小凳子，拉椅子等。

弹跳力小游戏

游戏目的

增加宝宝的弹跳练习，训练宝宝自己学会跳。

游戏步骤

1. 准备装米的废麻布口袋，上面穿一根绳子，从两边拉出。

2. 让宝宝站在袋内，家长拉住两旁的绳子。

3. 袋的高度正好在宝宝的腋下，宝宝小手拉在袋的前面，托宝宝做跳跃的动作，让宝宝向前一步一步跳。

游戏互动

宝宝站在袋子里会有一种全新的感觉，因为双腿不能迈开，从而会有些害怕。

这时大人托着宝宝跳啊跳，宝宝会感觉到自己真的像袋鼠一样，很好玩，会喜欢上这个游戏，不断地跳来跳去。

臂力小游戏

游戏目的

训练宝宝的手指协调能力，锻炼宝宝手腕、手臂的力量。

游戏步骤

1. 用一些废的报纸，教宝宝揉纸团，大纸团、小纸团。在揉的过程中尽量让宝宝揉紧一些。

2. 在距离宝宝50~80厘米的地方，放置一个筐（也可以是盆或者大开口的箱子）。

3. 让宝宝将揉好的纸团一个个扔进筐里。

4. 扔的时候告诉宝宝手臂举起来，用力看准筐子扔过去，左右手都可以扔。

游戏互动

宝宝揉纸团的时候，他会学着大人很卖力地使劲揉。扔的时候，宝宝也许并不能顺利地扔进去。这时，大人可以根据宝宝力量的大小，适度调整筐子的距离，让宝宝顺利扔进去。宝宝看到自己能准确地将纸团投进筐里，会信心大增，玩得更起劲。宝宝不断扔球，可锻炼宝宝手臂的力量。

04 玩玩沙、玩玩水

1.5~2岁的宝宝活动能力已经很不错了，这时，家长应该多带他们到大自然中去。

在大自然里，宝宝不仅可以呼吸新鲜空气、接受阳光的沐浴、感受鸟语花香，还可以完全放松地玩耍。大自然是宝宝的天然游乐场，其中宝宝最喜欢的就是水和沙，家长不妨多让宝宝玩玩水，玩玩沙。

给宝宝提供玩沙玩水的好环境

家长想要给宝宝提供环境玩沙玩水。一些相关问题也必须考虑：在哪里玩？选择什么工具？选择哪些辅助材料？怎样做好宝宝的安全和卫生？

玩沙玩水最好去大自然里，小溪边，沙丘上，如此亲近自然宝宝会更开心。

如果不能出去，家里的阳台也是玩沙的好地方。玩水当然要在卫生间等地方。

盛沙和水的器具最好是木制品或塑料制品，也可以是小桶、小碗、小杯和小漏斗等生活用品。另外，水和沙也不能盛得过满，以便于宝宝操作。

玩水时可带一些小石头、海绵、木片、塑料玩具等

能浮沉的物品；玩沙时可带上推土机、拖拉机等塑料玩具。这些辅助材料会使宝宝玩性大增。

给宝宝一些必要的指导

宝宝毕竟还很小，不仅需要成人提供适宜的玩耍环境，也需要一定的引导和指点。可是指导一定要在关键时刻指点，不能干涉孩子，更不能把自己的想法强加给孩子。

最好的做法是自己和宝宝一起参与，以同伴的

温馨提示

宝宝玩的水不能太凉，最好是太阳晒过的，家长要在旁边监护，不要让宝宝在水深的地方玩水。另外，家长还可对沙子进行必要的清洁，以保证没有伤害性的杂物。

身份一起游戏，关键时刻给宝宝一个提示，出个主意，提个建议就可以了。例如建议孩子造沙子城堡、在沙子上画画、玩磁铁钓鱼游戏等，这不仅可以让宝宝获得知识，还可以提高宝宝的积极性。

05 做做幼儿模仿操

模仿操具有很强的游戏性和趣味性，主要是配合简单的儿歌或顺口溜让幼儿做一些模仿动作，比方说模仿洗脸、刷牙、鸟飞的动作。

实际上，幼儿模仿操就是通过模仿来强化宝宝的跑、跳、平衡、弯腰等日常生活动作，同时还培养幼儿的独立生活能力，促进其想象力、思维能力与语言能力的发展。

快到2岁的宝宝有很强的模仿能力，喜欢运动并能模仿很多动作。于是，根据1.5~2岁幼儿的特点设计的模仿操便应运而生了。家长可以指导自己的宝宝做做幼儿模仿操。

◎ 第一节，小闹钟

此模仿动作是全身活动的准备动作，可放松全身肌肉,促进幼儿想象力和语言能力的发展。动作很简单，即幼儿身体做钟摆状左右有节奏地摆动。配合自编儿歌：小钟摆，摇啊摇，滴答滴答做游戏。

◎第二节，洗脸

此模仿动作可让腕、肘、肩关节都得到活动，可锻炼上肢肌肉，逐步培养幼儿生活自理能力。

动作分为四步，先右手伸开五指并拢，在脸前上下洗4次；接着右手按顺时针方向转动4次；再左手伸开五指并拢，在脸前上下洗4次，左手按顺时针方向转动4次。

每一步都按四个节拍。边做边念：洗洗小脸，真干净；不做泥猴，真白净。

◎第三节，刷牙

此模仿动作可活动肩、肘、腕关节及上肢肌肉，培养幼儿刷牙意识，为以后正确掌握刷牙方法做准备。

动作分四步完成：一是右手握拳，伸出食指，在嘴前方由上向下摆动4次；二是右手握拳，伸出食指，在嘴前方由下向上摆动4次；三是左手握拳，伸出食指，在嘴前方由上向下摆动4次；四是左手握拳，伸出食指，在嘴前方由下向上摆动4次。

每步按四个节拍来做。可配合儿歌：刷刷牙，真干净，拒绝龋齿和牙病；刷刷牙，真干净，不要牙垢和细菌。

◎ 第四节，拉手风琴

此模仿动作可锻炼胸部肌肉，发展幼儿想象力、思维能力。

动作很简单：两手握拳，两臂屈曲放于体侧，两手由胸前向体侧展开，每个音符展开一次。做的时候可念顺口溜：1、2、3、4、5、6、7（音符），多做运动身体好！

◎ 第五节，小鸭走路

此模仿动作可活动膝、髋关节、下肢肌肉，可发展想象力、思维和语言能力。

动作分四步：幼儿两手放背后、抬头、腰微弯，前两步向前走，后两步向后退。

每一步按四个节拍来做。向前走时配合儿歌“向前走，向前走，小小鸭子水中游”；向后退时可配合儿歌“向后退，向后退，能与小鱼共戏水”。

◎ 第六节，小鸟飞

此模仿动作可活动全身各部位肌肉，也能训练幼儿动作的协调性及平衡能力，发展小儿想象、思维、语言能力。

动作是两臂侧平举，上下摆动，向前跑。做的时候可念自编儿歌：学学小鸟飞，宝宝跑得快。

第七节，小白兔跳

此模仿动作可训练幼儿腿部力量，锻炼全身动作的协调性及平衡能力，促进幼儿想象、思维、语言能力的发展。

动作：两手张开，掌心向前，放在头两侧做耳朵，双脚做跳的动作。可配合语言：小白兔儿，跳一跳，小宝贝儿，高又高。

第八节，小闹钟

此小节动作同第一节，让全身肌肉慢慢放松，让机体由紧张状态恢复到安静时的水平。可配合儿歌：小闹钟，摆啊摆，做做运动真愉快。

温馨提示

幼儿模仿操可在家长的指导下在家里进行，也可配上欢快的音乐作为托儿所的早操来做，每天坚持，锻炼效果更佳。

06 培养宝宝的记忆力

1.5～2岁时，宝宝已经能够在很多事情上集中注意力了，漂亮的图片、好看的电视画面、有趣的玩具、好听的儿歌、动听的小故事等，都可以吸引他。他那专注的神情就是集中注意力的表现。这时，宝宝集中注意力的时间不会太长，一般在15分钟左右，可这已经是很大的进步了。

◎ 感觉器官总动员

为了让宝宝加强对新事物的记忆，“启动”他的多个感觉器官和身体的一些部位共同参与很有必要。这样训练之后，新事物在宝宝头脑中留下的印象将更完整、更清晰，保持时间更长久。例如，同样是纸，宝宝可以在上面画出图案，让宝宝把妈妈折好的小船放在水里，让宝宝用纸巾擦水并观察纸怎样把水吸干，让他把纸撕烂听听纸被撕时发出的声音……这样，宝宝自然会把纸的特性记得很牢。

◎ 反复强调多刺激

父母需隔三岔五提醒一下再让宝宝重复一遍，如此多次刺激，能帮他巩固记忆。比如，儿歌多说几次、一个词语多出现几次宝宝就会记住了。

07 宝宝的涂鸦

幼儿最初的“涂鸦”虽然幼稚、简单，看似很随意，实则是他们对身边事物感兴趣、想表达感受的一种行为。并且，“涂鸦”是宝宝发展想象力的一种途径，也是宝宝创造力的最初体现。为了使宝宝插上想象的翅膀，使其拥有不竭的创造力，家长必须尊重宝宝的涂鸦。

涂鸦在开发宝宝创意思维能力的同时，还可锻炼宝宝的动手能力。手被称为人类的第二个大脑，动手也就是让大脑功能再次得到锻炼。

涂鸦还可以激发宝宝的绘画潜能，培养他的艺术细胞及审美观；能帮助他宣泄不良情绪，满足其动作自然发展的需求，培养其独立性、自信心，增强其表达和欣赏的能力。

另外，涂鸦也是家长与孩子沟通互动的桥梁，让父母更了解自己的宝宝，增进亲子关系，同时也有助于宝宝性情的稳定发展。

幼儿涂鸦发乎天性、难得“自然”二字；它是一种形象语言，是宝宝的一种表达方式。

那么，父母应怎样对待宝宝的涂鸦呢？

1. 鼓励宝宝用笔来表达，对有特点的涂鸦作品，应大力表扬。

2. 在家中找一面墙专供宝宝涂鸦，最好是卫生间的瓷砖墙壁。画完后，和宝宝一起清洁还能使宝宝养成不随处乱画的好习惯。

3. 家长可以经常改变房间的布局，让宝宝获得不同的空间感受。宝宝涂鸦时，可以放些轻音乐，这有益于发挥他的想象力。

4. 为宝宝提供不同种类的纸张、画笔和颜料。可以帮宝宝采用多种绘画形式，如棉签画、吹画、水彩画等。

5．让宝宝多看、多接触新的环境，他的思维能力将从中得到发展。在涂鸦时，宝宝会对事物产生新的认识，其智力发展也将进入一个良性循环。

6．宝宝涂鸦时，家长可以用游戏的形式加以引导，这往往能事半功倍。

温馨提示

竭力制止宝宝涂鸦的结果是，宝宝丧失了对美术的探索热情，不再对绘画感兴趣，想象力和创造力在很大程度上被打压，艺术天分也许会被扼杀。

08 大自然中的学习

1.5～2岁的宝宝，对周遭的事物更加感兴趣，观察能力有了很大的提高，观察大自然，开始成了他们最喜欢的活动。大自然是宝宝玩耍的乐园，宝宝汲取精神营养的乐园，也是教育孩子的最好课堂。大自然中有着取之不尽的鲜活教材，深深地吸引着宝宝。让宝宝在大自然中得到教育，将会使其受益终身。

◎ 带宝宝到大自然中去

带宝宝到树林中呼吸新鲜空气，到青青的草地上采摘不知名的野花、追逐花间飞舞的蝴蝶，溪水边宝宝掬起一捧水，看各种形状的浮云，观察花开花谢……

还可以引导宝宝倾听自然之声，那也是一种美的享受和熏陶。带宝宝到野外，让他闭目倾听风声、松涛声或是虫鸣，鼓励他寻找声音的来源。如此的亲密接触，可在潜移默化中让宝宝的经验与智慧得到增长。

◎ 大自然会回报宝宝

对大自然细致的观察，可以让宝宝发现很多问题和奥秘，从而激发他们对自然的兴趣和求知欲；让宝宝欣赏大自然的美，会培养他们对大自然的热爱，培养他们的美感；引导宝宝观察自然界中的花、草、树、鱼、鸟、虫、风、雨、雪等景物或现象，不仅可增长他们在动植物、自然现象等方面的知识，还可扩大宝宝的眼界，增加阅历；在观察大自然的过程中，宝宝的观察力、注意力、思维力、概括力、判断力、想象力等都会提高，全面推进智能的发育。

◎ 让宝宝来照顾大自然

现在社会，钢筋水泥混凝土羁绊了人们和自然的接触，繁忙的工作让家长没有多少时间带宝宝到大自然中去。如此情形下，家长可以把大自然搬到家中来，以满足宝宝的好奇心和探索欲。

比如家里种植花草、养养动物就是很好的办法。和宝宝一起在阳台上开辟一片小园地，种上一些简单的植物，播种、浇水、施肥、开花、结果、采摘这些过程都让宝宝参与，2岁的宝宝完全有能力完成任务。在这个过程中，宝宝通过悉心照顾、细心观察，会收获很多。也可以让宝宝给鱼缸里的鱼喂食，让他观察鱼的游动或成长过程。这样的亲近和照顾，使宝宝更能热爱自然之物、自然之景，也能渐渐理解人与自然的和谐相处和生命成长的可贵。

09 培养宝宝观察力的三个小游戏

观察行为会在无形中对宝宝的观察能力、分析能力和想象力等起到积极作用。家长只要在日常生活中经常通过一些小游戏就可以对宝宝的观察力加以正确引导和有效训练。

找茬游戏

爸爸妈妈一定都玩过电脑游戏“找别扭”，也叫

“大家来找茬”，通常是要求大家用鼠标点出两张图片中的5个不同，如果能够完全找出，就过了一关。书店有很多关于这个游戏的拼图卡片，内容多为宝宝喜欢的动画片，如《猫和老鼠》《喜羊羊与灰太狼》之类的，买一些这种图片回家，或者是直接指导宝宝在电脑上玩一玩找别扭的游戏，对锻炼宝宝观察细节的能力是非常有好处的。

◎ 认瓶子游戏

家长还可以利用日常生活中常见的小物件来玩配对游戏。平时， 我们在家里总会准备一些不同品牌的瓶装饮料，这些饮料的瓶子可能是款式不同，大小不一的。用这些饮料瓶，也可以跟宝宝做一些锻炼观察力的小游戏。妈妈可以选择几个瓶盖大小、颜色差别比较大的饮料瓶，把不同的瓶盖和瓶子分别放在两个地方。让宝宝把瓶盖和瓶子进行配对。一开始可以准备数量少一点，3到5个左右就够了。家长可以逐渐增加瓶子的数量，让宝宝来完成任务。当宝宝完成配对时，爸爸妈妈要对宝宝进行表扬，并且要求宝宝说出瓶盖和瓶子的相同之处和不同之处来，说出自己如何配对，说得越细致越好。

◎ 观察蚂蚁游戏

宝宝的好奇心是非常强大且几乎无所不在的。家长是不是曾发现你的宝宝蹲在草地上，对着一只蚂蚁呆呆地看上半天？那么，何不因地制宜地利用宝宝对蚂蚁的好奇，来锻炼他的观察力呢？千万不要小看蚂蚁的世界哦，它们的生活绝对丰富得令人惊叹呢！和宝宝一起做回孩子吧，和他一起看看蚂蚁有没有触角，有多少条腿；仔细观察一下那么多蚂蚁是怎么进行分工合作的；看看小小的蚂蚁们是如何齐心协力，把比它们体积大得多的食物扛回蚂蚁窝的；讨论一下蚂蚁们为什么下雨前要搬家，遇到障碍它们又是怎么绕过去的……

温馨提示

在观察游戏中，宝宝难免会出错，爸爸妈妈不要过分苛责也不要轻易打断宝宝，要耐心细致地引导宝宝，认真完成对宝宝观察力的训练。

10 不再和孩子说儿语

儿童时期的孩子刚开始会说话时常会说些单音重复的话，如“饭饭、灯灯”，这种语言现象被称为儿语。

儿语是幼儿语言发育过程中的一个阶段，是语言能力低的一种表现。1.5~2岁时，宝宝的语言能力得到很大发展，已经能说简单的句子，父母再和他说儿语，意味着一种倒退，会限制宝宝语言能力的提高。

尽管有些宝宝的语言能力还较弱，喜欢用儿语来表达自己的意愿，家长应该用正确的语言与宝宝对答，做好语言示范。

丰富宝宝的语言环境

很多宝宝基本上过着从幼儿园到家这种两点一线的生活，语言环境变得枯燥乏味，对宝宝语言能力的发展并没好处。

宝宝从幼儿园回到家中，父母要多带宝宝在小区或者附近的公园多走走看看，让宝宝和其他小朋友多多接触，结伴玩耍，相互交流。

晚上，家长可以陪宝宝一起看会儿动画片或者少儿节目，动画片里动听的音乐、生动的对白、活泼可爱的动画形象，其实也是一种崭新的语言环境，对宝宝来说都是一种美好的享受，宝宝会在欣赏的过程中不断地模仿动画里的对白，这对宝宝语言能力的发展会起到很好的作用。

提高父母的自我修养

要创造良好的语言环境，家长还要注意自己在生活中的言谈举止。

爸爸妈妈要多花点心思和宝宝说更多新鲜的词汇和语句。作为家长，和宝宝对话的内容要丰富多彩，有意识地说一些新鲜的语句，解释一些稍微复杂的词汇等，这对宝宝掌握更多词汇有很大好处。

所以，年轻的父母要多看书，多学习，提高自己的修养，这不但有利于自己在生活和工作上的进步与提高，也能给宝宝创造一个良好的语言环境。

及时纠正宝宝的发音

在积极的交流和模仿中，宝宝说话越来越流利了，发音的准确率也在不断提高，可是仍有很多孩子的发音不够准确，除了父母等身边亲近的人，能听懂宝宝说话的人很少。比如宝宝会把小兔说成“小库”，把“花狗”说成“花丢”，把“大炮”说成“大靠”等，有时会让大人笑破肚皮，有时也会把人搞得一头雾水。

一般而言，幼儿的发音不准都是正常现象，随着大脑和发音器官功能的逐渐完善，并辅以准确的发音指导和练习，幼儿发音会日益正确。

可是，如果发现宝宝发音不准的现象很难纠正，舌头又呈现鸡心状，舌尖凹陷，那么问题就比较严重了。

言语活动是个大脑中枢、声带、舌、上下嘴唇以及下颌都必须参与其中的复杂过程，舌头的位置及形态改变对言语活动发生着重要影响。假如舌系带过短，舌头前伸、向上卷，将直接影响到宝贝的口腔活动，使宝宝发舌腭音和卷舌音（如：l、r、s、z）受限，造成宝宝说话不清。

所以说，父母要认真观察宝宝的语言能力及其发展情况，一旦发现问题就要及早解决。

温馨提示

1.5岁以后的孩子说话基本上是完整的，别人能听懂。但宝宝这时说话还不能用完整的句子，往往是用一两个词来表达自己的意思，所以，成人一定要根据其说话的语境和表情动作来理解他的话。

14 模拟生日小游戏

◎ 游戏目的

让宝宝学习词汇并学会交流，发展语言能力，培养宝宝关心爱护他人的品质。

◎ 游戏步骤

1. 准备各种水果和各种蔬菜模型，准备一个布娃娃。这是一项集体活动，可以邀请同龄小朋友一起参加。

2. 大人给布娃娃取名“红红”，简单设置一下“红红的家”。告诉宝宝们：“今天是红红的生日，很多小朋友都来参加聚会，红红最爱吃水果蔬菜。”

3. 集体活动中让每个小朋友都为红红准备礼物，到红红家和红红一起过生日。

4. 当宝宝们拿着水果蔬菜到红红家时，说：“生日快乐！”并告诉红红拿的是什么礼物。

◎ 游戏互动

宝宝们给洋娃娃过生日会有一种大人的心态，而且他们会给洋娃娃准备一些蔬菜水果做礼物。游戏中宝宝们对洋娃娃说“生日快乐”，大人也可以教宝宝唱生日歌，这样宝宝才能更好地和朋友们交流。

15 宝宝的占有欲是自私吗

尽管我们知道，有很强的占有欲是这一年龄段宝宝的正常心理，可是也不能听之任之，这样不利于宝宝形成正确的道德判断，对其个性品质的形成也会有不良影响。

因此，在宝宝开始有占有欲时，家长不要大惊小怪，不应责骂孩子，更不能给孩子贴上“自私自利”的标签，而应该给予科学合理的引导。

◎ 具体问题具体对待

父母应认真分析原因，寻找教育对策，给以适当的批评教育，还应注意自身的言行，生活中给宝宝做互爱和谦让的表率。

如果是宝宝经常抢夺同伴的玩具，父母要告诉他那是别人的东西，抢是不礼貌的行为，大家不喜欢这样的孩子。反之，如果宝宝因无力保护玩具被别的小朋友抢走而哇哇大哭时，父母则应设法引导他，在和小朋友相处时，大胆些、泼辣些，学会保护自己。

◎ 帮宝宝早日建立所有权的观念

比如，当宝宝玩同伴的玩具时，你可以强调一下：“这娃娃是小哥哥的，你只能玩不能带走，到时候要还给哥哥，你的娃娃在家里呢！”这些话可以让他们尽快建立所有权的观念。

◎ 不要粗暴地处罚他

如果家长动不动就将孩子的占有现象简单地归结为自私，不考虑孩子的年龄和心理特点，采取简单粗暴的教育方式，这样做非但达不到理想的教育效果，反而会对宝宝的心理产生不利影响，甚至给宝宝造成心灵上的伤害。

把引起纠纷的玩具拿开，会比处罚孩子好多了。因为孩子尚无自主的能力，与其责怪孩子，不如转移他的注意力。

◎ 父母不应强制宝宝“礼让”

家长不可用威逼利诱的手段强迫宝宝谦让，如果每次都要他不情愿地礼让，宝宝会觉得大人是要抢走他的东西。这样强迫宝宝“慷慨大方”的方式，不仅会促使他占有欲更强，也不利于其正确认

温馨提示

家长也要给孩子以适当的满足，不能无原则地拒绝他的一切要求。不分具体情况，就要求孩子“礼让”，这更容易引起孩子强烈的占有欲望，从而让孩子变得更加“自私”。

识所有权。正确的方法是，引导他愿意和别的小朋友玩，从中再想一些可以让他们分享玩具的玩法。

16 正确培养宝宝的独立性

宝宝的独立性是要培养的，可一定要用他容易接受的方法，不能硬性安排。否则，处理过激会让宝宝丧失安全感，不利于其健康人格的形成。

◎ 放手让宝宝做力所能及的事情

家长要尽量为宝宝创造独立做事的条件，做一个好的“向导”或关注者就可以了。

凡是宝宝自己想做的就让他自己做，不要代劳；只要宝宝愿意做，就鼓励他，给他自信；宝宝自己能决定的，让他拿主意，让他作主；宝宝面对困难时，他自己能克服的要鼓励他自己克服，力所不及的要帮助他，在家长的帮助下，宝宝也能学到独立做事所需要的本事。

◎ 培养宝宝基本的自理能力

宝宝快到2岁的时候，一些生活的基本能力已经力所能及，家长可以有意识地培养，让其养成独立的习惯，这对他的成长是非常重要的。

比如，让宝宝自己穿脱衣服，穿脱鞋袜，自己上厕所，自己收拾玩具，自己洗手等。这些成为习惯之后，即使你要帮忙，宝宝也会很郑重地告诉你：我自己的事情自己做。

温馨提示

任何事情都过犹不及。在培养宝宝独立做事的能力和给宝宝安全感上，家长一定要把握好尺度。无原则地保护会让宝宝变得胆小、适应力差、依赖性强，与对宝宝置之不理一样不负责任。

17 宝宝缺乏安全感吗

一个内心有深深不安全感的孩子，不可能成为一个精神上独立的人。

潜在的安全需求得不到满足时，宝宝就会不安，沮丧，失去信心……

那么，如何才能知道宝宝缺乏安全感呢？下面列出宝宝在生活中缺乏安全感的常见表现，家长可以参考。

1. 保姆或其他亲人照顾时，宝宝还表现得特别乖，可一看见妈妈，就黏着不放；还表现出委屈的样子，甚至会泪水涟涟；之后，只要妈妈一走开就紧张得大哭大闹，拽着妈妈的衣服不让离开。

2. 稍有不顺心的地方，就会和周围的小朋友发生冲突，动辄拳脚相加，如果家长劝说，就会把“攻击”的目标转向家长，或者用哭闹来“抗议”。

3. 在陌生人面前不敢抬头，小手拽着衣角或不停摆动，神情紧张。

4. 宝宝吃大拇指也是缺乏安全感的表现。

5. 睡觉时辗转反侧，睡不踏实，还不时摸摸身边是否有人在，或把陪他睡的大人抱得很紧。

家长要用语言和行动告诉宝宝，这个世界是安全的，即使有危险也会很快过去的。

反之，如果宝宝对这个世界的安全产生怀疑，就会失去对他人的信任，逐渐形成不健康的心理。

18 培养宝宝的注意力

这个阶段的宝宝，能叫出很多小动物、玩具，以及生活用品的名字，能把不小心藏起来的东西找出来，看喜欢的动画片或广告片段时如果大人换台会很不高兴……虽然记忆的内容还很简单，记忆的时间也比较短，但如此表现也足以让父母满意了。

培养宝宝的注意力当从幼儿阶段开始，而培养方法应符合宝宝相应阶段的身心发展特点。

对1.5～2岁的宝宝而言，给他们讲的故事要简短，语言要生动活泼又要便于理解；给他们看的图片要色彩鲜艳，形象生动，不要太复杂；做游戏时可以加些情景刺激，也可配乐进行……

温馨提示

记忆力的强弱将直接影响人的智力活动和智力发展。此时，对宝宝注意力的培养要注重感官刺激。

19 给宝宝立规矩

常言道："没有规矩不成方圆。"对小宝宝的教育也是如此。就像离开规和矩这两种工具很难画出标准的圆和直角一样，没有了规矩，小宝宝也是无法成人成才的。

所以，家长在给宝宝自由发展空间的同时，也不妨给他们定一些规矩，从而培养他们的自我控制能力，并促使其从小就建立起对规矩的认同感。

那么，应该给宝宝定哪些规矩呢？

安全成长的规矩

孩子的判断能力还很弱，不会自我保护。所以，家长要给孩子定一些安全性的规矩。

如，外出时不能乱跑，上街过马路要走斑马线，并告诉宝宝走斑马线是遵守交通规则，也是保障自己安全

的需要；在家里不能碰插座，不能自己动暖水瓶和暖气片等危险物或贵重物品等。

当宝宝面临危险或违反原则时，如玩电线、打人时，应该直截了当地对其说“不”，让孩子脱离危险境地或制止其不当行为。

◎ 生活习惯的规矩

好的生活习惯的养成关键在于培养和规范。比如：饭前不能吃零食；自己吃饭时，吃饭要专心；玩完玩具要收拾好，不能随地乱丢；定时洗澡、定时上床睡觉；等等。

◎ 待人接物、人际交往的规矩

社交习惯的养成对宝宝的成长也很重要，要让宝宝懂得以下这些规矩：见人要有礼貌，主动打招呼；不随便接受别人的东西；接受别人馈赠时要说谢谢；和小朋友玩耍时要谦让，好东西大家分享更快乐；交往中禁止打、咬、踢；做错事要知道认错；等等。

◎ 一定要和宝宝一起遵守规矩

很多时候，家长必须言传身教，给宝宝树立一个好榜样，如此所立的规矩才最有效。比如：要让孩子规律进食，家长在饭桌上的举止就要规范，不挑食，不浪费，吃饭时专注不说话；要让孩子懂礼貌，家长自己就要举止得体，注重礼仪并使用文明用语；要小孩饭前洗手，家长自己得做到饭前洗手；等等。

温馨提示

给宝宝定规矩很有必要，可规矩也不要太过限制孩子的自由。在对待规矩的问题上，家长之间也要统一认识、统一行动，互相配合方能取得成功。

20 如厕训练小游戏

游戏目的

训练宝宝的自理能力，让宝宝自己上厕所。

游戏步骤

1. 在便桶上加小圈，让宝宝坐在马桶上大小便。男孩如果学会了站着小便也应鼓励。

2. 宝宝很会摆弄冲水器，让他自己冲水，保持厕所清洁。

3. 要经常提醒宝宝上厕所，以免宝宝因贪玩尿湿了裤子。

游戏互动

宝宝坐在马桶上的时候，他会很自豪。也许在某一天，宝宝会不耐烦上马桶，这时大人要鼓励宝宝坚持下去，只有坚持不懈才能让宝宝养成好习惯。

温馨提示

要注意宝宝的安全，不要让宝宝掉进马桶里。另外，如果宝宝站着小便，要注意不要轻易吓到宝宝。冬季衣服穿得厚，宝宝大小便时要帮助宝宝。

 家教两大原则

宝宝心智的提高和经验的积累来源于学习，而他们的学习是从最简单的模仿开始的，宝宝总会不自觉地模仿身边人们的言谈举止，朝夕相处的父母就成了他模仿学习的主要对象，从这个意义上讲，父母就是宝宝的第一任老师。

◎ 要注重“言传”

孩子的教育要从小抓起，生活中时时处处都有我们教育孩子的平台。

家长要用心对孩子施加影响，但不能用老师的行为和语气教育孩子，有时甚至不妨做孩子的“魔术师”，注入幽默的气氛，孩子可能更容易接受。

宝宝已经具有语言能力的时候，家长就可以开展“四讲活动”进行启蒙教育了。四讲即讲故事、讲知识、讲经历、讲传统，对于1～2岁的宝宝来说，主要是前面的两讲。父母可以给他们讲很简单的故事来教育他，比如龟兔赛跑的故事，生活中还可以给他灌输一点礼仪的小知识和其他常识等。

关键在“身教”

父母都希望自己的孩子能有良好的品行：为人谦恭、忠厚善良，乐观向上……最好的办法就是在生活中严格要求自己，以身作则，从身边点滴小事做起，给孩子一个好的榜样。

家长不要以为自己的孩子还非常幼稚，在他们面前可以肆无忌惮，为所欲为。实际上，孩子会从你们对待他的态度、方式上，学习着如何对待他人。

做父母的还应知道，充满爱的感化是最佳的教育，一定要为孩子建立一个活泼快乐的成长环境。

父母之间的互敬互爱，会让孩子学会爱父母及他人。处处洋溢着“互爱”精神的家中，孩子自然也就学会了关心他人，学会了体谅与分担；只有在“互爱”的氛围中长大的孩子，才会心灵愉悦，头脑放松，才能有足够的空间去憧憬自己的未来。

温馨提示

在对孩子的教育中，家长要摆正自己的位置：既是家长又是朋友。既要有父慈母爱，又要有家长威严。而父母若是一味地摆家长架子，居高临下，强迫命令，则教育的效果就会大打折扣。

22 和伙伴交往好处多多

宝宝们一起玩的过程，就是互相学习、互相模仿、相互促进的过程。在交往中，他们可以获得各种知识和技能，学会如何面对困难，学会解决问题的方法，发展认知能力。

在和别人的交往中，宝宝已经逐步懂得了一些初步的行为准则，产生了一些简单的是非观念和道德判断，自我控制能力也逐渐增强。所以，宝宝能克服、避免错误行为，做出正确的行为，让自己适应群体生活。比如，宝宝知道团结互助了，不争抢别人的玩具了，懂得谦让了，等等。

1.5岁～2岁的宝宝，好奇心和探索欲比以前更强，他们已经不再满足于固定的交往对象和交往范围了，开始对小朋友特别感兴趣，要和其他小伙伴一起玩的愿望越来越强烈。家长要鼓励宝宝认识一些小伙伴，并给他们的交往创造条件。

23 交往中的道德行为雏形

宝宝心理发展到一定阶段，在他们的交往中，就诞生了道德行为的最初形态。

何谓道德行为的最初形态？1～2岁的宝宝在与小伙伴的交往中就有了消极关系和积极关系，这正是人与人之间社会关系的初级表现，也是道德行为的最初形态。

宝宝之间积极的关系，就是他们能和谐相处，玩得快乐，对彼此有益，相互之间还能协作配合相互帮助等。而消极关系不外乎争抢打闹，大哭大闹，拳脚相加等。

宝宝道德行为和家长的影响有很大关系，所以家长在科学引导的同时更要做好榜样。

24 解决宝宝冲突的五个原则

几个小朋友在一起玩，以前不屑的玩具这时也会被当作“宝贝”，非要夺个高低胜负。宝宝一起为抢玩具而发生冲突是很正常的，父母要以合理的方式解决冲突，并要注意以下几点：

1. 只要没有太大的危险，就让宝宝自己学习处理冲突，这样会让宝宝逐渐从“自我”中“脱离”出来，审视“他人”，从而增强自制力，学会控制自己的行为。

2. 父母对孩子间的“冲突”要冷静分析原因，公平处理。

3. 不要对自己的宝宝保护过度，也不要强迫宝宝放弃自己心爱的玩具。

4. 在宝宝的冲突中，家长要引导他们学会保护自己，尊重他人。

5. 如果宝宝表现得太好强，总是抢小伙伴的玩具，你可让他与大一些的孩子一块玩，这样，他就会规矩多了，也会控制自己的愿望和行为了，离成功的交往也就不远了。

温馨提示

和伙伴发生冲突时，宝宝有了学习保卫自己权利的机会。而保卫自己的权利是社会交往的基本原则。

正确引导解决矛盾

宝宝在和小伙伴的交往中，总免不了产生矛盾，有时甚至发生争吵或打架。如遇这种情形，父母的作用就至关重要了，这时不仅要像老师一样去指导孩子，更要像裁判一样明辨是非。

父母要公正合理地引导孩子，不能袒护自己的宝宝。在弄清情况之后，父母要诚恳地告诉宝宝谁对谁错，错在哪里，然后引导他们自己解决矛盾、恢复友谊；父母还要鼓励犯错的孩子去道歉，同时也要教育孩子学会宽容，这样不仅帮宝宝解决了矛盾，还会帮助他树立起正确的是非观，让他们知道友情的可贵，学会谦虚礼让等美好品德。

合作小游戏

游戏目的

培养宝宝的合作精神和团队意识，让宝宝养成和小朋友一起玩耍的好习惯。

游戏步骤

1. 集体活动中，准备一根粗的长绳，绳子的一头系在大人身上，一头让宝宝们双手拉住。

2. 告诉宝宝："妈妈扮大萝卜（带萝卜头饰）。萝卜长得很大很大，一个小朋友拔不起来，要大家一起拔，人多力气大。"

3. 大人席地而坐，小朋友一个接一个双手拉住绳子，双脚分开，一前一后。

4. 另一个大人舞动小红旗，指挥宝宝一起用力。大人在小朋友拉绳时，鼓励宝宝们："加油，加油，用力，用力。"

5. 在小朋友一起用力后，大人站起来，告诉小朋友："萝卜拔出来了。"

游戏互动

宝宝和小朋友们一起努力拔萝卜，然后看到萝卜一点一点地被拔起来，宝宝在充满兴奋的同时，还会了解和朋友一起努力的力量，从而培养宝宝和小朋友们一起合作、一起玩耍的好习惯。

温馨提示

注意宝宝的安全并且关注宝宝的情绪。在宝宝情绪高涨的时候，大人可以告诉宝宝，和小朋友一起拔力量才大，让宝宝注意合作精神。

第七章

2～3岁的宝宝

2岁以后，宝宝的独立性和自我意识更强了，也开始发现并关注自我以外的世界，记忆力和注意力也在增强。同时，宝宝也进入了反叛期，开始变得情绪化，爱发脾气，还有了占有欲。宝宝开始乱七八糟地涂写，也开始跃跃欲试地为自己做事。在家喜欢上劳动，外出喜欢自然风景。

运动智能新发展

2岁多的孩子，运动能力和平衡能力逐渐提高，跑跳更稳健，攀爬更敏捷，手指更灵巧。

大动作的发展

宝宝已经能很好地完成跑、跳、投等基本动作，动作的技巧性也逐渐增强。这个阶段的宝宝平衡性进一步增强，能做片刻的金鸡独立般独站，有的还开始做独脚跳动作了。尽管只能跳出1～2步，却已经是一个很大的进步了。

独站或独脚跳意味着幼儿的神经系统发育进一步完善，平衡能力和脚部力量逐渐加强。而且，随着年龄的增长，宝宝单腿跳的能力也会越来越强、越来越稳。这样的运动不仅能提高幼儿对体育活动的兴趣，迅速提高幼儿的运动能力，而且有利于宝宝意志的培养。

精细动作的发展

宝宝的小手更灵活了，生活中能自己穿脱衣服、系解钮扣、拉拉链，还可以穿鞋和穿脱袜子；游戏时可以操作技巧性玩具，能用建筑积木搭起高塔或桥或别的造型；可以独立或合并运动自己的每一根手指，像成人握笔一样信手涂鸦，画方形和圆形已不在话下……在掌握许多精细手指运动的基础上，宝宝肌肉控制和集中注意力的技能正在加强。

◎ 以游戏的方式开展运动

幼儿教育要以快乐体验为原则，以游戏方式开展运动训练，既可以发展宝宝的运动技能，提高体质，而且可以发展宝宝的创造性思维。

比如，爸爸或妈妈两脚分开作球门，让宝宝做球员，站在对面1～2米处，用脚踢球入门。通过踢球可以发展宝宝走、跑的动作技能。

妈妈还可以和宝宝一起玩脚尖踏地的游戏。一只脚全脚掌着地，另一只脚用脚尖轻轻踏地板；妈妈先做宝宝学，从踏两下开始逐步增加，如此可强化宝宝的弹跳能力并锻炼腿部肌肉。这样的训练游戏很多，家长要根据宝宝的喜好及自身特点进行训练。

02 学习游泳的三个阶段

宝宝在室外学游泳，首先要适应淋浴、日光和风。2.5～3岁的宝宝，自我保护能力还比较弱，学习时游泳必须注意安全，一定要有大人的严密监护和指导。宝宝下水前必须做好足够的准备动作，如让孩子伸伸胳膊，踢踢腿，弯弯腰，如身上有汗应把汗擦干后再下水。这样才能保证达到锻炼的目的。

空腹或刚进餐后不宜学习游泳。学游泳时气温不应低于24℃，池水温度最好在32℃左右，不应低于22℃，水的深度一般在孩子的腋下，不可超过肩。

宝宝初次下水，一定要在水中循序渐进地经历体温调节的适应、入水、学习游泳三个阶段。

第一阶段：适应阶段

初下水时，不能一下子让身体全浸泡在水里，应让机体有一个适应的过程。先把头部和胸部浸湿，再逐渐浸入全身，慢慢地进入水中，让宝宝慢慢体会在水中的平衡。成人要托住幼儿肩背部，仰卧于水中，头部露出水面；再托住幼儿胸部，俯卧于水中，使嘴巴和鼻子露于水面；然后让孩子垂直于水中，头在水面上。连续交替做这些动作。在帮助宝宝适应水温的基础上，让宝宝学习在不同的姿势下，向前后、左右滑行移动。这时，宝宝开始熟悉水性。

第二阶段：入水阶段

入水主要是教孩子头部浸入水中，进行自由呼吸。

首先要做的是淋洗，让宝宝的头垂直在水中，自己用双手捧起水。用嘴吸气时，手捧着水举过头顶并让水淋头。在此过程中要教孩子不要闭眼，不要用手擦脸。

淋洗过后要让宝宝把头浸入水中，深吸一口气并闭上眼睛，双膝弯屈，脸浸在水中屏气5~10秒；之后时间逐渐延长。

接着训练水下睁眼。让孩子吸气并把头扎入水中，睁开眼睛，学会在水中看东西，学会识别方向，避免危险发生。

还有最关键的一步就是水下呼气，让宝宝下巴浸入水中，向水面吹气，然后再深吸一口气，将脸浸入水中，长时间用力地呼气，直到把气全部呼完，头部才出水面。

◎ 第三阶段：学习游泳阶段

学习游泳也是一个循序渐进的过程。先让宝宝自己在水中走动，再由父母托住颈后部，让宝宝身体仰卧在水中滑行，速度逐渐加快。

再尝试把头部没入水中，然后仰卧或俯卧于水面，两腿或两臂都并拢伸直，父母一手握住孩子脚跟，一手托住其背部或胸部，让宝宝深吸一口气并憋气，然后握脚跟一手用力向前推，另一手张开，使孩子在水面上滑行。

待宝宝气憋不住时，让宝宝抬头，张臂，一腿前跨一步，站稳于水中。站在水中后再深吸一口气，然后低头、屈膝收腿，双臂紧抱双膝，使身体团成一个球，背部向上；慢慢地，球状般的身体就会浮于水面。

如此的反复练习，能让宝宝初识水性，能在水中呼吸，身体得到平衡。在此基础上再学游泳技术就不费事了。

另外，宝宝在学习游泳时还要注意以下事项：

1. 宝宝初下水游泳时间应控制在2～5分钟，以后可逐渐延长到15分钟左右。

2. 宝宝生病或病后体质虚弱时不宜游泳。

3. 如孩子在水中感到寒冷、打颤时应该立即出水，用干毛巾擦干全身至皮肤有轻微热感，并做一些轻柔运动，使身体产生热量来取暖。

4. 如宝宝外耳道进水，应用干棉球吸干。

03 摇铃操锻炼协调性

2～2.5岁的宝宝动作发育日趋完善，但动作的协调性还需要进一步加强，而锻炼动作协调性有一个很好的选择，就是让宝宝做做幼儿摇铃操。

幼儿摇铃操就是让宝宝双手分别拿两个摇铃，配合儿歌做一些有相关训练效果的动作。做操时随着手的摆动摇铃会发出悦耳的响声，这就产生了很强的节奏性和趣味性。幼儿摇铃操是为了活动全身的肌肉和关节，训练动作的协调性和语言能力，适合2岁以上的孩子。

做操之前，给宝宝准备一些儿歌伴奏音乐，让宝宝两手各拿一个带柄的摇铃。

◎ 第一节，准备运动

宝宝随音乐做原地踏步运动，两手前后自然摆动，随着悦耳的铃声使全身肌肉放松，为适应全身活动的需要做准备。

第二节，上肢运动

上肢运动是为了活动肩关节，上肢及肩部肌肉，促进动作的协调性。宝宝两脚分开与肩同宽，两臂自然下垂，做好预备活动。

动作分四步完成：

第一步，两臂侧平举；

第二步，头上击掌；

第三步，回归双臂侧平举；

第四步，还原到预备姿势。

可配合语言：“双臂举得平，关节练得灵，肌肉动作更增协调性。”

第三节，伸展运动

伸展运动是通过活动肩关节、颈部、上肢、胸部肌肉，进一步训练动作的协调性。

宝宝直立做好预备动作，此运动正式动作也分四步完成：

第一步，左臂前上举，右臂后举，同时抬头挺胸；

第二步，右臂前上举，左臂后举，同时抬头挺胸；

第三步，左臂前上举，右臂后举，同时抬头挺胸；

第四步，右臂前上举，左臂后举，同时抬头挺胸。

可配合语言："举手、抬头又挺胸，摇铃操健体又强身。"

◎ 第四节，扩胸运动

此运动主要是活动和锻炼胸部肌肉。

宝宝两脚分开，与肩同宽做好预备动作，正式动作分四步：

第一步，两臂前平举，拳心相对；

第二步，两臂向两侧后振，拳心向前；

第三步，两臂前平举，拳心相对；

第四步，还原到预备动作。

可配合语言："扩胸、扩胸，力量无穷！"

◎ 第五节，转体运动

通过转体运动可活动腰部肌肉，训练平衡功能。宝宝的预备活动依然是两脚分开，与肩同宽。

动作也是四步：

第一步，两臂侧平举，拳心向前；

第二步，右转体同时左手移向右手击铃；

第三步，两臂侧平举，拳心向前；

第四步，还原到预备动作。

动作按四个节拍完成，第二个节拍做相反的左转体动作，如此反复。配合语言："右转体、左转体，扭扭腰身好身体。”

第六节，下蹲运动

下蹲运动可活动膝关节、下肢肌肉，训练腿部力量，加强平衡功能。宝宝的预备动作为直立。

正式动作是很简单的四步：

第一步，两手侧平举；

第二步，下蹲；

第三步，站起；

第四步，还原到直立动作。

配合语言：“举起手，蹲下去，站起来，练好身体真不赖。”

第七节，跳跃运动

跳跃运动是为了加强腿部力量，训练小儿跳跃及全身动作的协调性。

宝宝做直立预备动作。正式动作分四步完成：

第一步，两臂上举，拳心相对同时双脚跳一下；

第二步，两臂向下还原；

第三步，两臂上举，拳心相对同时双脚跳一下；

第四步，两臂向下还原。

可配合语言:“双脚跳一跳，个子高又高。”

第八节，放松运动

宝宝原地踏步，两手自然摆动来放松全身肌肉，使肌肉从紧张状态恢复到安静时的水平。

04 宝宝劳动的注意事项

幼儿学习并开始参与成人的劳动，是孩子成长中的一大进步，早早参与力所能及的劳动对宝宝各方面的发展都有锻炼作用。从小参与力所能及的劳动，可以在幼年时就培养宝宝的责任感，避免自私懒惰恶习的产生，还能逐渐提高宝宝的稳定性、纪律性、独立性，锻炼宝宝迎接挑战和应对困难的意志力……因此，劳动是幼儿应该及早开始的必修课。

宝宝参加适量劳动大有好处，可是2~3岁的宝宝还很小，需要家长做到因势利导，这时需注意以下几点：

明确目的

让孩子从很小的时候就参与劳动，是为了培养他的责任心、独立性、自信心等良好的素质和能力，享受劳动的过程与结果。

借助愿望去指导

从宝宝开始学步时起，“给妈妈帮忙”的愿望就越来越强烈了，以后参与意识逐渐转变为行动。家长要利用宝宝的这种美好的愿望并鼓励他自己去劳动。如：可以给一个2岁的宝宝布置送衣服到卫生间的任务，他一定会很高兴地去完成。在家长的指导下，一个2.5岁的宝宝可以把给客人拉椅子的任务完成得很棒。

需要示范和鼓励

教宝宝完成一件事情的最好办法，是先给他示范，再和他共同完成，鼓励他坚持下去，尽力做好。宝宝顺利完成后，家长的一个微笑，一个拥抱、一声“谢谢”、一句“真棒”就是最好的礼物。

劳动要力所能及

宝宝还很小，劳动还只是一种快乐的尝试，给他的任务要在其力所能及的范围内，才能让孩子获得成就感。否则，会让他丧失信心和勇气。

温馨提示

家长如果不让孩子干一点家务、一切都由自己代劳的话，就会打击孩子劳动和探索的积极性。长此以往，就会让孩子养成不爱动手、不爱动脑、懒惰、自私的恶习。

05 好奇心大爆发

2～3岁的宝宝，心理发展迅速，认识范围不断扩大，感兴趣的事情越来越多，好奇心和探索欲也越来越强。他们总是想探寻很多问题的答案，于是喜欢上了提问。

宝宝喜欢提问，是其心理和思维开始走向成熟的表现，也是他们好奇心盛、求知欲强的表现。

喜欢提问，说明宝宝已经产生了学习的主动性和自觉性，而且还很善于思考。

好奇心引发的提问，能让宝宝积极主动地寻求并吸收知识，更细心地观察世界，想象力和创造力得到更好的激发，智力和语言得到更快的发展，逐渐形成一种良好的学习习惯。

06 积极对待宝宝的提问

对于宝宝的各种提问，家长一定要以赞赏的、认真的态度对待，还要注意保护宝宝提问的积极性，以培养其追求知识永不满足的精神。

宝宝喜欢提问题，父母一定要表示赞赏。父母应该为宝宝能提出问题而感到开心，因为这意味着宝宝在语言和思维方面都有了很大的进步。对于宝宝所提的问题，父母要表现出愿意回答的积极性，最终的答案不仅能让宝宝的求知欲得到满足，也会使宝宝因为问题被重视而享受到成就感，体会到自身的价值。

宝宝所提的问题应尽量在当时就给予回答。不管宝宝的问题属于哪种情况，是简单还是复杂，父母的态度都要耐心、诚恳，不能敷衍了事。回答时要力求简洁、具体、生动，还要选择便于宝宝理解的话进行解释，以利于宝宝接受。如果敷衍宝宝，甚至胡编乱造，则不仅会压制宝宝的求知欲，还会在宝宝心中形成错误的印象和概念，影响很不好。

不便于当时回答的问题，也要跟宝宝解释“等XX时，我再好好给你讲”；有些回答不了的问题，应以诚恳谦虚的态度告诉宝宝“这个问题，我回答不好，等我弄明白后再告诉你”。

温馨提示

若宝宝所提问题简单甚至幼稚，家长千万不要讥笑、讽刺，以免伤害宝宝的自尊心，让其产生畏惧心理。

培养宝宝的创造力

人的创造力的发展开始于婴幼儿时期，而幼儿期和学龄期是培养和发展孩子创造力的关键时期。关键时期培养宝宝的创造力，一定会影响到他人生发展的全过程。

◎ 宝宝哪些表现显现了其创造力

在生活中，宝宝常常会有创造性的表现。比如，给玩具娃娃打针喂药；用石头、木片搭房架桥；用积木搭成各式各样的物体；把几只板凳连在一起当火车；把一把椅子当骏马；等等。这些活动里面都包含着孩子的一些创造性思维，都是有创造力的表现。

富有创造力的宝宝，遇事总喜欢问个为什么，喜欢评论事物，喜欢尝试，反应迅速，不受已知信息的限制等。创造让他们在精神、心理上获得了极大的满足和成就感，给他们带来了无尽的快乐。有创造力的宝宝对环境、社会适应能力很强，这种适应能力又有助于其创造力得到进一步的发挥。

◎ 如何培养宝宝的创造性思维

在游戏中，宝宝的创造力日益提高，逐渐能利用自己的创造性思维开展新的游戏情节，创造性地扮演角色，创造性地制作游戏道具等。父母要给孩子提供能发挥创造性的游戏环境和条件。给宝宝买一些积木、几何拼图板、可以拆装的玩具等，让他充分发挥自己的想象力和创造性。

要鼓励宝宝多接触音乐和绘画，并给他自由的欣赏和实践的空间，激发他们的想象力和创造力。音乐和绘画能促进宝宝右脑的发育，可以丰富幼儿的精神世界，欣赏音乐、画画时，宝宝情绪兴奋愉快，创造性思维处于最佳状态。

父母还要鼓励宝宝的好奇心。鼓励他自己动手搞一些小发明，提出各种带有知识的趣味性问题让他回答；鼓励孩子主动提出问题，并耐心给予解答。

宝宝有创造性的表现时，家长应及时给予鼓励和赞美，这样孩子的创造性就更高了。

良性引导自我意识

宝宝自我意识的发展，直接关系到他健康个性的形成，他发掘自我的过程，也是发掘一个人内在潜力的过程。明白了这些之后，每一个家长都应帮助自己的宝宝从小养成和确立积极健康的自我意识，让宝宝今后走入社会、面对困难时更沉着、更自如。

◎ 关注宝宝的独立意识，保护他们的主动性

家长还要多给孩子提供自己做决定的机会，鼓励他做力所能及的事情。好些家长认为，孩子太小什么也做不了还总闯祸，于是就对宝宝“想要自己做”的要求置之不理，把自己能代劳的事情全部包揽下来。如此一来，宝宝本已出现的“自己的事情自己做”的意识和愿望也逐渐消失殆尽，取而代之的是一味的依赖。

◎ 尊重加表扬，促进宝宝自我意识的发展

2岁以后，宝宝的自尊心开始发展，并通过各种方式来展示自己，希望能得到成人的肯定和表扬，在受到夸奖时宝宝会感到很高兴。于是，在宝宝有了独立自主意识并要求靠自己的能力去做一些事时，家长要不失时机地用表扬的方式来强化宝宝的积极行为。

表扬的技巧也很重要，焦点应集中在特定的事情上，比如可以说：“宝宝自己上楼梯，走得很不错嘛！加油啊！”或者说：“看看宝宝的桌子擦得多认真，真棒!”如此的表扬，既满足了宝宝的自尊心，又可以让他明白，这样做是父母赞同的，以后应继续，道德行为和道德判断就慢慢地在宝宝身上形成了，他的自我意识也

会逐渐地转变为真正的独立意识。

◎把“同伴交往”带入宝宝的生活

同伴关系对宝宝的自我意识、个性品质的形成，以及今后的发展都有着重要影响。同伴带给孩子的影响和成人是完全不同的，在友好相处中，宝宝会学习体验小伙伴的感受，理解他的想法，能换个角度想问题，学会考虑自己的举动对别人的影响，从而正确地认识自己、评价自己，实现有效的自我调节。同伴交往中的地位及其早期友谊的建立，也都会影响宝宝自我意识的形成。

现代社会中，宝宝多为独生子女，缺少同伴交往的机会。所以，家长应有意识地给宝宝找一些小伙伴，给他们创造一些交往的机会。比如说，可以组织亲戚朋友或邻居的同龄孩子定期一起活动。给宝宝设计这样的社交圈，宝宝玩得开心，交流得尽兴，良性的自我意识也会逐渐形成。

09 数学启蒙教育

3岁左右的宝宝，正处在对身边各类事物的敏感期，这个时期的宝宝对事物的接受能力非常强，这时开始对宝宝进行数学启蒙教育不失为明智之举。

日常生活中有很多可以当作教具的小物品，比如筷子、碗、食物、屋子里的格子地板等，聪明的家长们可以利用这些教具来锻炼宝宝的数字感知能力。简单的做法是让宝宝自己数数，还可以让宝宝利用这些“教具”进行简单的计算等。

宝宝很喜欢吃糖果、巧克力这些零食，家长可以利用这个特点，在为宝宝准备糖果和巧克力等零食的时候，选取一些造型不同、颜色各异的品种。在宝宝想要吃零食的时候，家长把糖果和巧克力放在一个盘子里，

对宝宝说："宝宝，你找找盘子里一共有几个三角形啊？""盘子里有几块绿色的糖啊？"这样的问答可以引导宝宝把相同的形状或者颜色挑出来，放在一起。然后让宝宝自己数一数，圆形有几个，方形有几个，三角形有几个；或者各种颜色的糖果各有几个。

喜欢玩水是宝宝的天性，家长可以利用为宝宝洗澡的机会，为宝宝准备一些跟数字相关的玩具。

比如说放一些数字造型的橡皮玩具在浴盆里，当宝宝抓住一个数字在玩的时候，家长就可以问宝宝说："宝宝，这是几啊？"这样经过反复训练和引导，就可以强化宝宝对数字的印象。

同时家长也可以拿几只不同大小的空杯子或者空瓶子，让宝宝自己盛水玩儿。宝宝在装水、倒水的过程中，会感受到量的增减变化。不过这时候宝宝只有感受，还没有真正理解，需要家长悉心指导。

10 培养宝宝音乐智能

要培养3岁宝宝的音乐智能应该从哪些方面着手呢？下面我们就来说一说。

◎ 一是音准

要培养宝宝的音乐智能，音准是基础。所谓音准，其实就是指准确的音高感。

对宝宝音准的培养，可以通过好玩的游戏来进行。

比如，爸爸妈妈可以买一些数字泡沫垫，或有音阶字符的地板贴画，布置在宝宝的卧室里。妈妈或者爸爸唱音阶，宝宝要按照爸爸妈妈唱出的音阶跳到指定的泡沫垫上。聪明的父母也可以把8个音阶“哆”“来”“咪”“发”“嗦”“啦”“西”“哆”贴在楼梯阶梯上，按音阶顺序从下往上贴，让宝宝每踏上一层楼梯，就唱出这层阶梯代表的音阶，这个游戏不失为帮宝宝锻炼音准的一个好方法。

◎ 二是节奏

和音高一样，节奏也是音乐不可缺少的基本要素。要培养宝宝良好的音乐智能，就要让宝宝有良好的节奏感。可以引导宝宝随着音乐的节奏拍手，让宝宝用动作来体验音乐的节奏，这样就能强化宝宝对节奏的感知。

◎ 三是音色

培养宝宝良好的音乐智能，当然也不能忽略宝宝对音色的感知能力。

爸爸妈妈可以让宝宝多听听不同的乐器分别是什么

音色，然后玩声音配对游戏。

比如：爸爸可以敲敲铃鼓或者拨一下琴弦，按一下钢琴按键，让宝宝分辨刚才是哪种乐器在响；或者给宝宝放一段乐器构成的稍简单些的音频，让宝宝听听里面都有哪些乐器；等等。

温馨提示

音乐的构成要素非常复杂，鉴于宝宝的接受能力有限，家长可以循序渐进地培养宝宝的音乐智能，不要操之过急。让宝宝在游戏中感知音乐，让学习音乐成为宝宝的一种享受，而不是负担。

口语学习的三个原则

处于口语爆发期的宝宝，有强烈的表达愿望，可是表达技巧还不是很成熟，需要家长的科学引导和培养。

◎ 给宝宝营造轻松的语言环境

轻松愉悦的语言学习环境、良好的交流氛围可以刺激宝宝的表达欲望，增强宝宝学习说话的积极性，强化学习效果。

比如，给宝宝唱唱儿歌，悠扬的韵律中宝宝会比平常生活中表达得更加流畅。同时，儿歌也能提升宝宝的音乐智能，让他精神愉悦。

也可绘声绘色地给宝宝讲故事、说绕口令、看图说话，这些方式还可以发展孩子语言的连贯性。

◎ 有意识地让宝宝广泛接触周围的人和事

语言发展与认知能力有着密切关系，因此，家长应给宝宝创造机会多接触周围的人和事，以丰富他的生活，发展他的口语。

比如，多参加亲子游戏，宝宝就可以在语言的互动中学习各种口语；邀请小伙伴和宝宝一起玩，宝宝会模仿同龄或稍大一点的小朋友，易于被同伴的情绪、表达感染。

积极主动的交往会让宝宝感受到语言的乐趣，口语表达能力也会随之快速提升。

◎ 和宝宝多交流，交流中多鼓励

丰富的语言交流可以开发幼儿的智力、提高其表达才能。家长要尽量多陪宝宝聊天，在沟通感情的同时也可以培养宝宝的口语能力。

12 口语学习的四个方法

1. 引导宝宝注意大人说话的声音、口形，让宝宝模仿大人的声音和动作。

2. 引导宝宝把语音与具体的事物、具体的人联系起来，经过反复训练，宝宝就能初步了解语言的含义。

3. 生活中多向宝宝提问，如散步时问树叶是什么颜色、像什么，这样既能提高宝宝的语言表达能力，又能促进其思维的发展。

4. 鼓励宝宝尽量多说话，多和别人交流，家长要耐心纠正其表达不完整或不准确的地方。

给宝宝讲故事

小孩子最爱缠着家长做的事情是什么呢？那就是讲故事。年幼的宝宝对于故事里描绘的那个世界感到惊奇不已，也会让自己融入到故事中，不断学习和成长。多听故事不但可以锻炼宝宝的倾听能力、语言能力，还有助于提高宝宝的记忆力和逻辑思维能力。

那么，如何给宝宝讲故事呢？

◎ 读故事要有感情

虽然宝宝年龄还很小，可是却很敏感，当父母给他读故事的时候，他会希望父母能投入感情，读得有声有色。所以，在给宝宝读故事听的时候，家长一是要投入进去。不要抱着“赶活儿”的心态，着急赶紧把今天的故事讲完，而是要好好调整自己读故事时的情绪，和故事里的人物一起悲，一起喜，声调要抑扬顿挫，还可以根据不同的角色用不同的配音来读。这样才能让宝宝体会到你真实情感的流动，和你一起真正融入到故事里去。

◎ 读完故事和宝宝及时交流

读完故事之后，爸爸妈妈要记得问宝宝一些启发性的问题，比如说：刚才故事里出现了几个人啊？宝宝最喜欢谁？为什么？这样可以帮宝宝梳理一下刚刚接受的语言信息，帮宝宝理清一下故事的脉络。

而且，读完故事后与宝宝的交流，也是有意识地促使宝宝主动去思考。在交流的同时，爸爸妈妈也可以教导宝宝一些基本的人际交往常识和做人的道理等。

◎ 要关注宝宝的情绪

经常给宝宝读故事的父母会发现，在听了爸爸妈妈读的故事之后，宝宝也会慢慢对故事有一些模糊的记忆和认知，甚至在父母讲到那个故事的时候，宝宝自己也会去表演和模仿大人过去的讲述。

当宝宝兴致勃勃地跟家长一起投入到故事中的时候，说明宝宝兴趣很高，心情比较好，如果宝宝在听故事时较少主动参与，说明他情绪不高。这些都是在细节中才能慢慢体会到的，父母只有和孩子多交流，才能发现宝宝更多情绪的变化。

温馨提示

给宝宝读故事，最好是爸爸妈妈亲力亲为，因为只有爸爸妈妈的声音才是宝宝最需要的声音。这个过程不但是让宝宝接收知识的过程，也是父母与宝宝情感交流的过程。

教宝宝说完整的句子

如果想让自己的宝宝长大后精明能干、思维清晰，家长就要从现在开始留意和宝宝说话的方式，留意宝宝说的每一句话。

什么是完整的句子

对宝宝说或者鼓励宝宝说完整的句子，就要首先知道什么样的句子是完整的句子。句子是否完整，不是看组成的字有多少，而是要看结构。

一个完整的句子，至少要包括两部分：前一部分为“谁”或者“什么”；后一部分是对前一部分的说明，表示“是什么”或者“怎么样”。

也就是说，一个完整的句子一般包括主语和谓语两部分。“谁干什么”“什么怎么样”“谁像什么”等都是完整的句子。

说完整的句子有哪些好处

强调宝宝用完整的句子来表达自己的意愿，能促进宝宝口语表达能力的进一步提高，使其真正实现由单词阶段向整句阶段的过渡。同时更重要的是，说完整的句子对开发宝宝的思维能力有很大的帮助。

宝宝所说的每一句话都需要经过大脑思考，思考的过程就是锻炼思维的过程。宝宝说的任何一个句子，都反映着事物之间的某种联系。所以，在说话前，宝宝必须明白事物之间的关系，这对他的认知和思维能力有很大的促进作用。宝宝说完整的句子多了就会掌握一定的句式，进而又会加深其对事物之间关系的理解。

◎如何让宝宝说完整的句子

家长是宝宝最好的老师，是宝宝的语言模范，所以，父母在和宝宝沟通时，一定要使用完整的句子。例如，把“拿过来”说成“XX，把那个小板凳给妈妈拿过来”。这样说话能帮助宝宝积累更多的词汇，也会刺激宝宝去模仿，让其说完整句子的积极性得到提高。

然后，家长还要做一个好的引导者。在生活中，要鼓励宝宝说完整的句子，引导他把看到的情景完整地表达出来，不要放过任何细小的环节。比如，宝宝看见草地上有一只小狗，马上会激动地喊道：“小狗！”此时，父母可以问他“小狗在哪里”或“哪里有小狗”，宝宝就会回答“草地上有小狗”或“小狗在草地上”。

关于让宝宝说完整句有一个误区，就是一部分家长认为孩子还很小，长句子他们听不清楚也听不懂，于是就经常用短语跟孩子交流。其实，这样做不仅不利于宝宝口语能力的提高，还会限制他们的思维活动。

15 口吃的矫正方法

2~3岁的宝宝处于口语发展的关键期，可是词语记忆低于形象记忆的效果，掌握的词汇相对于认识的事物要少得多，而且还不够牢固。所以，当宝宝迫切地想表达自己的意思，一下子又找不到适当的词汇时，就容易形成口吃。

宝宝因紧张或语言发育不完善等原因形成的口吃，很多会自行消失；即使是比较顽固的口吃，如经过认真系统地对症纠正或医治，也是完全有可能调整过来的。可以说，宝宝幼儿期容易形成口吃，也是纠正的最佳时机。如果错过，口吃则很可能会伴随终生，影响宝宝一生的健康与发展。因此，家长万万不可忽视。

口吃的矫正方法一般分为心理治疗法和语言矫正训练法。

◎ 首先，心理治疗是治疗口吃的基础

如果宝宝口吃，家长就要为其创造一个愉快安定的环境，消除其思想负担，减轻他的口吃。宝宝口吃时，家长不要急于打断或纠正宝宝，更不能模仿、嘲笑宝宝。正确的做法是，耐心地听宝宝讲话，与孩子对话时速度尽量放慢，所用句子、词汇简单易懂，口气平静、温和，不给宝宝任何心理压力。同时，家长也要引导孩子树立克服口吃的自信心。

家长还要教宝宝遇事冷静，养成良好的说话习惯，让他情绪稳定后再说话。鼓励宝宝多说话。提高宝宝的信心可将其情绪导向积极状态，有利于纠正口吃。

◎ 其次，语言矫正训练也很重要

在心理治疗的基础上，语言矫正训练也很有必要。

要让宝宝有信心，轻松自如地呼吸和运用语言器官，进行语言矫正训练。

矫正口吃其实就是进行“重新训练语言”的练习，是练习一种正确的说话方式，是语言的再学习。矫正口吃关键是矫正发第一音。这时一定要做到：

1. 平静，情绪稳定，肌肉松弛；

2. 慢一些，不要很快，要在自己能力范围内；

3. 第一音少许拖长些；

4. 独立，说完第一音，再发第二音；

5. 低和轻，第一音比第二音要低一些，然后向第二个字轻轻地滑动，因为说话轻柔能防止口吃。

最关键的一点是，要让宝宝多讲多练。生活中要利用一切可利用的机会与宝宝多交谈和练习，不要间断或半途而废。要让孩子多唱歌、念儿歌、讲故事或讲愉快的事，这些对于纠正口吃都很有帮助。

温馨提示

宝宝口吃时，家长不要过于心急，如果家长经常批评或马上要其纠正，则很容易加重孩子紧张焦虑的情绪，口吃也会越来越重。

宝宝注意力分散的原因

这个阶段的宝宝，无论是游戏还是看图片或听故事，注意的时间都有所增加。只要是喜欢的或感兴趣的事物，都会吸引宝宝注意上很久。

从宝宝看电视、听故事时专注的眼神和投入的表情，就可以知道他注意力的进步。

一些小宝宝在这个年龄段已经进入了幼儿园学习并能认真听讲了，但如果没有注意力水平的提高，这些还是很难实现的。

宝宝对手上的玩具或从事的活动缺乏注意力，除了年龄的特点之外，还有另外几个原因。

一是对活动本身缺乏兴趣。对不喜欢的事物或活动，宝宝很难集中注意力。

二是家庭环境的影响。如家里人多嘈杂，父母脾气急躁、整天争吵，家庭气氛压抑等，都会影响宝宝的注意力。

三是健康状况不佳。宝宝身体不适，如困倦、生病的时候，宝宝的注意力就无法集中。

17 培养宝宝注意力的七个方法

宝宝若没有足够的注意力，就会影响到其学习效果，而培养宝宝对事物专注的能力，则有益于他们以后养成良好的学习习惯。

因此，父母要在认真分析宝宝注意力分散原因的基础上，以平和的心态，科学地、逐步地、有针对性地培养孩子的注意力。下面几个方法可参考。

1. 想办法使孩子的学习任务变得有趣，儿童对有兴趣的东西会更专注。

2. 尽量让宝宝看一看、听一听、做一做，手脑并用能维持注意力。

3. 指导宝宝学习一些有意注意的方法。比如：在看图时，学会用手指着看的地方；在学数数时，用手点着积木块、纽扣，嘴里说着数字等。

4. 要在游戏情景中锻炼宝宝的注意力。

5. 为孩子创造良好的学习条件，帮助他集中注意力。比如提供一个安静的环境；尽量避免做一些让他分心的事，比如大人不要在身边大声谈话、看电视、听广播等。

6. 帮助宝宝短时完成某些有趣的任务，再逐渐延长时间。

7. 确保足够的睡眠以及健康的饮食。缺少睡眠和不健康的饮食会影响宝宝的注意力。

温馨提示

法国生物学家乔治·居维叶说过：“天才，首先是注意力。”婴幼儿时期是培养注意力的“分配”和注意力的“集中”的关键期。

18 “自私”的宝宝

到亲朋好友家做客时，经常会主动提出要带走自己喜欢的东西；看到感兴趣的糖果不打招呼，伸手就往兜里装，要据为己有；别人跟他要东西时，表现得极其吝啬，用小手紧紧抓着自己的东西，绝不肯轻易放手；和小朋友一起玩耍时，争抢玩具大打出手、大哭大闹的现象时有发生，双方往往都会奋力维护自己占有的权利……

从宝宝的种种“独占”表现来看，这一阶段的宝宝似乎有点“自私”，还有点“霸道”。其实，这是幼儿自我意识发展过程中必然要经历的一个阶段，也是宝宝自我意识增强的结果。

随着宝宝心理的成熟、自我控制能力的增强、生活经验的增长，这些都会慢慢变淡的。

19 宝宝会说谎了

3岁左右的宝宝开始说谎了，而且谎言五花八门，出人意料。

其实，宝宝根本无法完全掌握说谎的概念，不能理解一些在客观现实基础上的真实，反而容易被自己的想象所左右，会在真实中掺杂一些“梦幻般的想象”。因此，宝宝身上便有了说谎现象。

此外，宝宝说谎还有以下原因：

◎ 年幼无知

宝宝的认知能力还有限，一些概念还很模糊，会有许多出于无意的说谎假象。

◎ 想实现愿望

小孩子的竞争心理很强，他们非常注重成人的表

扬、赞许与爱抚。所以，当物质欲望和精神需求得不到满足时，宝宝会因为强烈地想实现愿望而说谎。

◎ 逃避惩罚

宝宝做错了事，害怕遭受体罚，害怕失去父母的爱；为了消除这种恐惧的心态，会出现说谎的行为。如果父母性格粗暴、态度严厉，宝宝会更不敢承认自己的过失行为而支吾说谎。

◎ 模仿行为

宝宝的模仿能力极强，如果经常有人当着宝宝的面说些小谎话，那么宝宝很快就能学会说谎。

20 对待“说谎”的四大原则

◎ 实事求是，忌小题大作

孩子说谎的原因和目的是多种多样的，父母要认真分析，不要随便以成人的道德标准去衡量。

◎ 通情达理，勿严厉惩罚

惩罚是必要的，但也要通情达理，既让宝宝认识到说谎是不对的，也要让他明白只要改正了，父母和老师仍会喜欢他。太过严厉的训斥和惩罚，反而会让宝宝感到不公，加重反抗，更多地说谎。

◎ 细心疏导，不嘲笑奚落

宝宝说谎了，父母老师要细心地教育引导，给他讲最基本的道德准则，让他知道什么是正确的，什么是错误的。有的家长对宝宝说谎给予嘲笑奚落，宝宝会有反感情绪，也会丧失信心。

◎ 防微杜渐，不听之任之

如果宝宝的谎言屡屡得逞，他就会尝到说谎成功的快乐，久而久之就会形成习惯。所以，成人要有一双智慧的眼睛，不能总被宝宝“欺骗”，也不能对他们的谎言听之任之，而是要把宝宝的说谎行为结束在萌芽状态。

科学引导任性的宝宝

宝宝“乖”“听话”，总是讨人喜欢，而任性、执拗却很让父母老师头疼，教育起来也很麻烦，可是宝宝任性并非都是坏事。

任性是宝宝成长过程中必然要经历的心理过程，3岁以后，宝宝的个性逐渐形成，自我意识逐渐增强。这时，任性的宝宝一般都有很强的自我意识，有独立的愿望和探索欲，并有一定程度的韧性。这些都是宝宝任性背后的积极因素。因此，父母要加以科学引导，扬其所长，避其所短。

◎ 给予理解和尊重

宝宝的一些合理要求，大人不妨满足一下，适当的时候给予他必要的指导。比如宝宝要自己穿衣服、洗脸等，就要及时放手让宝宝自己去做。这样，自尊心得到满足后的宝宝会更有成就感，自然会成为听话的孩子。

◎ 及时转移注意力

宝宝提出一些无理要求时，大人不要直接粗暴地制止，可以用他感兴趣的话题或东西来转移宝宝的注意力。比如，当宝宝非要拿刚买回来的鸡蛋玩时，家长可以建议宝宝先去煮鸡蛋，然后让他玩熟鸡蛋，还可以引导他剥鸡蛋，认识鸡蛋的组成。

◎ 要与宝宝正确交流

宝宝任性时，成人的态度和方法对他的行为表现有着至关重要的影响。成人要多用正面积极的话语，少用强迫命令的话语。如果总是限制宝宝则更容易激起宝宝的好奇心，加剧他尝试的欲望。

温馨提示

父母不忍看宝宝哭闹而顺从他的心愿，往往会助长他的任性行为，进而形成习惯。对任性的宝宝，家长要注意教育引导，切不可因无可奈何而放任自流。

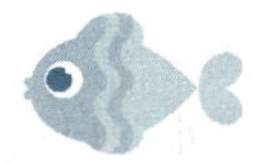

第一反抗期的小脾气

2～3岁的宝宝，正处于第一反抗期。很多妈妈都觉得，宝宝快到3岁时是最难带的，很任性，特别不听话，爱发脾气，动不动就哭，不高兴时甚至还会在地上打滚。其实，这个时期的宝宝发脾气主要有以下几个原因：

◎ 一是因为不能做自己想做的事

宝宝有了一定动手能力，可是能力还不是很强，不能随心所欲地做自己想做的事，逐渐增强的自我意识又特别想把事情做好。所以，遇到困难无法解决时宝宝就会用哭来求助，或发脾气发泄心中的不满。

◎ 二是因为有了独立意识

这时的宝宝喜欢按照自己的意志做事，有了自己的要求，不喜欢别人过多地干涉。因此，如果没有达到目的，就会发脾气。

◎ 三是控制情绪的能力差

2.5～3岁的宝宝还很小，自我控制能力较弱，感情冲动且外露，很难掩饰自己的感情，所以一不满意就会哭闹、发脾气。

23 冷静处理宝宝发脾气

宝宝发脾气时，父母一定要分析原因，具体情况具体对待，不要强迫宝宝听从你的安排，更不要采取强硬的手段让他完全屈服于你；只要合情合理，也应该给宝宝一定的空间和自主权。

如果是别人干涉了宝宝，让他违背自己的意愿做事或不做事，宝宝自然会生气。这时，如果是宝宝可以完成的事情，也没有什么危险，家长大可放手让宝宝自己去做。

如果是宝宝要达到无理目的，用哭闹来威胁，父母可以利用玩具来转移他的注意力，或者采取不理睬的冷处理法，待他平静之后再给他讲道理。

对宝宝不合理的要求，父母千万不能迁就，要果断地拒绝，这能避免宝宝用发脾气的方式来要挟；即便是合理的要求，父母也要教育他必须有正确的态度，不能哭闹。

如果是因为生病、身体不舒服而发脾气，父母就要给予安抚和关怀，但这也不是无原则地百依百顺。很多家长总结出一个规律：生病时很容易惯坏孩子。

家长一定要牢记这一点：百依百顺或武力解决只会使孩子的脾气越来越坏。

帮助宝宝度过反抗期

快到两岁半的宝宝变得越来越不乖了，以前还活泼开朗，人见人爱，仿佛突然之间就变得特别爱发脾气、爱跟大人顶嘴、喜欢说反话，稍不顺心就大哭大闹。其实，这些都是宝宝进入反抗期的表现。

不要把宝宝的反抗看做是反叛，那往往只是他表达自己的一种方式，表面上看起来是与大人唱反调，实际上正是在学习“自我表现”，是利用反抗来建立“自我”，以不顺从、闹独立来向家长宣告自己能独立做事了。

儿童第一反抗期是宝宝个性形成的关键期，父母对待反抗的态度，对自己宝宝是否能形成良好的个性品质起着决定性的作用。那么，家长该如何帮宝宝度过这一阶段呢？

◎ 理解并尊重宝宝

父母对宝宝的行动不要轻易加以干涉，不要伤害宝宝的自尊。最好不要用命令的口气，如“必须这样”或“不许那样”，而应尽量以平等的姿态，征求宝宝的意见，给他留出选择的余地，比如可以这样说：“要不咱们就看动画片，要不就让肚子饿着，反正不能边看边吃，你说怎么样？”或者说：“等天气热了的时候，妈妈一定给你穿漂亮裙子，好不好？”这样既满足了宝宝的自尊，又让他甘心接受你的安排，当然就不会跟你对着干了。

◎ 正确教育是关键

父母要放弃那种不分青红皂白的强硬态度，要和宝宝打成一片，引导、教育宝宝认识他们尚不熟悉的世界，及时抓住这一时机对宝宝的某些行为给予适当的鼓励或善意的批评，使他的身心得到健康发展。

◎ 因势利导，从旁协助

家长在宝宝坚持要自己上楼梯、穿衣、吃饭的时候，最好不要帮忙，宝宝会不喜欢的。家长要做的就是在旁边关注他，关键时候要注意出手保护，从旁给予适当的指导。这样既可以促进宝宝自我意识的形成和动作技巧、能力的发展，更可促进宝宝心理的健康发展。

温馨提示

反抗是宝宝必然要经历的一个心理过程，只要宝宝的行为不具有伤害性，就不必过分干涉和束缚他。若管教太严，用强硬的态度和做法“镇压”宝宝，让其停止反抗，则不仅会使矛盾加剧，还会阻碍宝宝心理的正常发展。

最初的道德影响

宝宝最初的道德判断，是在和成人的交往过程中受其影响而逐渐产生的。在日常交往中，成人会对宝宝的良好表现进行赞许，多次的鼓励和表扬会让宝宝认为自己的行为是对的、好的；反之，凡是成人表示斥责并说“不行”“不乖”的行为，宝宝会觉得那样做是不应该的，是坏的行为。于是，“好”与“不好”这种最初级的道德判断便在宝宝心里产生了。我们知道，2岁多的宝宝已经能把人分为好人和坏人两类了。

在生活中，父母及其他亲人要密切关注宝宝的各种行为，给予适宜的褒贬，这对宝宝正确道德判断的形成有着非常重要的作用。

当宝宝表现不错时，家长不要吝惜自己的溢美之词，也不要吝惜愉快和赞许的表情，这二者的合理强化，会让宝宝坚信自己如此做是正确的，从而再接再厉；当宝宝表现欠佳时，家长也不能姑息迁就，要直言不讳地告诉他：“这样是不对的，不可以！”同时，要用生气的、不愉快的表情进一步强化。受到训斥后，宝宝就会知道自己的行为大家不喜欢，以后应避免。比如，宝宝和伙伴分享食物时要夸奖，抢夺玩具时要批评。

生活中家长如果真能如此，该褒则褒、该贬则贬，就能帮助宝宝不断做出合乎道德要求的行为，从而养成各种道德准则。以后再遇到类似的场合和事情，宝宝就会不假思索地做出合乎道德要求的行为来。

想让宝宝一下子就养成好习惯、有一个良好的个性品质、改掉以前的坏毛病是不可能的，需要家长想方设法做一些耐心细致的工作才行。

26 入园分离焦虑

3岁左右，宝宝就该上幼儿园了。在开始送宝宝去幼儿园的时候，很多宝宝会哭闹不休。这主要是因为，宝宝长期生活在家庭中，对父母产生了依恋的情绪。这时，爸爸妈妈的主要任务就是解决初入园宝宝的依恋情绪。

◎ 首先，暗示宝宝幼儿园的美好

在宝宝即将走进幼儿园的前一段时间，家长可以常常给宝宝一些关于幼儿园的正面暗示。比如，妈妈可以经常给宝宝讲一些幼儿园里的故事，告诉他幼儿园里有老师和很多小伙伴一起玩耍、唱歌、跳舞等，多描述幼儿园里的乐趣，有意识地培养宝宝对幼儿园的兴趣。有空的时候，爸爸妈妈不妨带宝宝一起到准备去的幼儿园里去走一走，看一看，让宝宝自己感受一下幼儿园里的氛围，培养宝宝对幼儿园的亲切感。

◎ 其次，道别要坚决

在和宝宝道别时，有些妈妈一看到宝宝哭得跟泪人儿似的，心都碎了，就对宝宝依依不舍的，抱着宝宝不忍心马上离开，这种表现其实是对宝宝哭闹行为的一种变相鼓励，宝宝会认为只要哭闹就可以不用上幼儿园了。有些妈妈甚至一看到自己的宝宝哭得这么可怜，就直接带孩子回家了，说过一段时间再上好了。可是过一段时间再送宝宝来幼儿园，宝宝还是会哭闹得特别厉害。所以在和宝宝道别时，父母的态度要坚决，不能因为宝宝情绪低落或哭闹就显得犹豫不决。

◎ 第三，告诉宝宝何时再见

在与宝宝道别的时候，家长一定要明确告诉宝宝来接他的时间。比如，妈妈可以告诉宝宝“妈妈下班就来接你”，让宝宝明白妈妈不是走了就见不着了。有的宝宝可能会表现出对幼儿园活动比较感兴趣，一时间忘记与父母说再见就投入活动，这时家长也不要悄悄溜走。在任何情况下，家长都应该与宝宝说再见，并明确告诉他来接他的时间，这样宝宝才会有安全感。

告诉了宝宝来接他的时间，就一定要遵守这个时间，不然宝宝就会对第二天的入园产生更严重的怀疑、恐惧和焦虑。

◎ 第四，不作消极暗示

宝宝到了家里，父母千万不要用负面暗示来影响宝宝。比如说，有的妈妈出于担心，会问宝宝：“宝宝，今天幼儿园阿姨有没有给你吃东西啊？”“老师批评你了吗？”“小朋友们有没有欺负你呀？”诸如此类的问题对宝宝的情绪都会有不良影响。

不过，由于宝宝心理发育的特点，宝宝的分离焦虑肯定会持续一段时间，父母也不要过于担忧，弄得全家都为宝宝初入园而焦虑，这是完全没必要的。只要帮宝宝做好一定的心理建设，经过一段时间对新环境的熟悉，宝宝的依恋情绪会随着他对幼儿园的逐渐适应自然而然地得到缓解。

温馨提示

入园的第一天，家长要把宝宝打扮得漂漂亮亮的，还要鼓励宝宝，为他树立一种自豪感和自信心。比如，妈妈可以说："宝宝今天最漂亮了，幼儿园的老师和小朋友一定会很喜欢你。"

读者回函卡

感谢您购买和阅读“MBook随身读”图书，欢迎您加入我们的读者俱乐部。为了更了解您的需要和改善我们的服务，请您详细填写如下资料并寄回，我们将定期向您发送最新的图书出版资讯，您还将有机会获得我们赠送给您的新书。

姓　　名____________

性　　别　□男　□女

年　　龄　□20岁及以下　□21-30岁　□31-40岁　□41-50岁　□50岁以上

地　　址________________________________

邮　　编____________

电　　话____________电子信箱________________

学　　历　□初中 □高中 □专科 □本科 □硕士 □硕士以上

职业类别　□IT业 □财会/金融/保险 □制造/贸易 □医疗/医药 □媒体 □房地产/建筑 □教育/培训 □政府/服务 □销售 □学生 □其他__________

月 收 入　□2000元及以下 □2001-3000元 □3001-5000元 □5001-10000元 □10000元以上

您从何种渠道获知本书消息？

□书店 □报刊杂志 □广播电视 □网络 □移动媒体 □其他

您购买的图书书名？________________________

您为何购买本书？________________________

您对哪类图书感兴趣？□哲学宗教 □历史文化 □心理自助 □生活百科 □经济管理 □个人理财 □员工培训 □其他____________

关注最新出版信息，请登录公司网站：www.huaxiabooks.com

您对我们有何建议，也欢迎您登录微博与我们互动：

http://t.qq.com/MBook-2011/mine

通信地址：北京市丰台区方庄芳群园三区三号楼709室（邮编：100078）